名著大通关

一、作品文学常识

1. 下面有关文学知识表述不正确的一项是（　　）。

A. 鲁迅的小说《孔乙己》《社戏》，散文《阿长与〈山海经〉》《藤野先生》和杂文《中国人失掉自信力了吗》，都是现代文学作品中的名篇。

B.“记”是古代一种文体，用来记事、记游、状物或表达情感，如《礼记》《桃花源记》《小石潭记》《岳阳楼记》等。

C.《诗经》是我国最早的一部诗歌总集，收录了从西周到春秋时期的诗歌三百零五篇，分为风、雅、颂三个部分。

D. 舒婷的《祖国啊，我亲爱的祖国》、艾青的《我爱这土地》都是现代诗，郭沫若的《屈原》是话剧剧本。

2. 下列说法有误的一项是（　　）。

A.《论语》是儒家的经典著作之一，与《大学》《中庸》《孟子》合称为“四书”。

B.《左传》相传是战国时期鲁国史官左丘明所写，课文《曹刿论战》就选自其中。

C.《史记》是我国第一部纪传体通史，全书共有一百三十篇，被鲁迅称为“史家之绝唱，无韵之《离骚》”。

D. 人们常用“唐诗、宋词、元曲、明清小说”概括唐、宋、元、明、清这几个时期突出的文学形式。

3. 下面有关文学作品的表述，错误的一项是（　　）。

A.《我看》是我国著名诗人穆旦的作品，诗中写出了春天留给诗人的印象以及诗人从中获得的生命感悟。

B.《孟子》是记录春秋时期的思想家孟轲及其弟子言行的著作。其文以雄辩著称，多用排比句，气势非凡。

C.《江城子 · 密州出猎》中的“江城子”是词牌名。词中使用典故，表达了苏轼希望报效国家的爱国热情。

D.《皇帝的新装》是丹麦作家安徒生创作的童话，他的代表作有《卖火柴的小女孩》《海的女儿》《丑小鸭》等。

4. 下列关于文学文化常识表述正确的一项是（　　）。

A. 老舍，原名舒庆春，字舍予，北京人，满族，作家。其主要作品有小说《骆驼祥子》《龙须沟》，话剧《茶馆》《四世同堂》等。

B. 高尔基，苏联作家，主要作品有自传体小说《童年》《在人间》《我的大学》等，我们学过他的作品《海燕》。

C.《论语》是儒家经典著作，是记录孔子及其弟子言行的一部书，共二十篇。宋代朱熹将《大学》《左传》《论语》《孟子》合称为“四书”。

D. 古人对不同年龄有不同的称谓：而立之年三十岁，不惑之年四十岁，花甲之年七十岁。

二、作品主要内容

1.《论语》是记录________________________的书。宋代把它与________________合称为“四书”。孔子，春秋时期鲁国人，古代伟大的教育家、思想家、政治家，________学派创始人。

2.《左传》相传为春秋时期________所作，是一部________史书，与《公羊传》《穀梁传》合称“春秋三传”。《曹刿论战》选自其中。

3. ________是我国最早的诗歌总集，也是我国诗歌现实主义传统的源头，汇集了从________的诗歌三百零五篇，也称“________”。

4.《孟子》由________所作，共七篇。孟子，战国时期思想家、教育家，与孔子并称“孔孟”，是儒家思想的代表人物，世称“________”。《生于忧患死于安乐》《鱼我所欲也》《富贵不能淫》都选自《孟子》。

5.《乐府诗集》是一部________歌辞总集，由北宋________所编。《木兰诗》《孔雀东南飞》是其代表作，合称为“乐府双璧”。

6.《战国策》是一部________史书，西汉末年________根据战国史书整理编辑而成，共三十三篇，分为十二策，着重记录了战国时期一些谋臣策士的言论和谋略。《邹忌讽齐王纳谏》选自其中。

7.《史记》的作者________，西汉史学家、文学家，他用毕生精力著成的我国第一部________通史，共一百三十篇。鲁迅称其“________”。《周亚夫军细柳》节选自《史记》。

三、作品阅读鉴赏

现代学生的功课，有些是从前读书人所不做的，如博物、理化、图画、音乐之类。其他的功课，就实质说，虽然就是从前读书人学的那一些，可是书籍不必再从前人的本子了。一部历史教本就可以摄取历代史籍的大概，经籍子籍的要旨。这自然指编撰得好的而言；如今有没有这样好的教本，那是另一问题。可以干脆说一句，现代学生不必读从前的书。只要历史教本跟其他学生用书编撰得好，教师和关怀学生的一些人们又指导得法，学生就可以一辈子不读《论语》《庄子》却能知道孔子、庄子的学说；一辈子不读《史记》《汉书》，却能明晓古代的史迹。可是，有些书籍的实质和形式是分不开的，你要了解它、享受它，必须面对它本身，涵泳得深，体会得切，才有得益。譬如《诗经》，就不能专取其实质，翻为现代语言，让学生读“白话《诗经》”。翻译并不是不能做，并且已经有人做过，但到底是另外一回事；真正读《诗经》还得直接读“关关雎鸠”。又如《史记》，作为历史书，尽可用“历史教本”“中国通史”之类来代替；但是它同时又是文学作品，作为文学作品，就不能用“历史教本”“中国通史”之类来代替，从这类书里知道了楚汉相争的史迹，并不等于读了《项羽本纪》。我想，要说现代学生应当读些古书，理由应当在这一点上。

还有一点。如朱自清先生在这本《经典常谈》的序文里说的，在中等以上的教育里，经典训练应当是一个必要的项目。经典训练的价值不在有用，而在文化。有一位外国教授说过，阅读经典的用途，就在教人见识经典一番。这是很明达的议论。再说做一个有相当教育的国民，至少对于国内的经典也有接触的义务。

一些古书，培育着咱们的祖先，咱们跟祖先是一脉相承的，自当尝尝他们的养分料，才不至于无本。若讲实用，好像是没有，有实用的东西都收纳在各种学科里了；可是有无用之用。这可以打个比方。有些人不怕旅行辛苦，道路几千，跑上峨眉金顶看日出，或者跑到敦煌，看一窟寺历代的造像跟壁画。在专讲实用的人看来，他们干的完全没有实用，只有那股傻劲儿倒可以佩服。可是他们从金顶下来，打敦煌回转，胸襟推广了，目光深远了。虽然还是各做他们的事儿，却有了一种新的精神。这就是所谓无用之用。读古书读得得其道，也会有类似的无用之用。要说现代学生应当读些古书，这是又一个理由。

这儿要留意，现代学生应当读些古书，万不宜忽视“学生”两字跟一个“些”字。说“学生”，就是说不是专家，其读法不该跟专家的一样（大学里特地讨论古书的学生当然不在此限）。说“些”就是说分量不能多，就是从前读书人常读的一些书籍也不必全读。

就阅读的本子说，最好辑录训诂校勘方面简明而可靠的定论，让学生展卷了然，不必在一大堆参考书里自己去摸索。就阅读的范围说，最好依据前边说的两个理由来选定，只要精，不妨小，只要达到让学生见识一番这么个意思就成。这本《经典常谈》的序文里说：“我们理想中一般人的经典读本有些该是全书，有些只该是选本节本，应当尽可能地采取他们的结论；一面将文本分段，认真地标点，并用白话文作简要的注释。每种读本还得有一篇切实而浅明的白话文导言。”现代学生要读些古书，急迫要用这样的读本。朱先生的《经典常谈》却是负起这方面的责任来的一本书。

它是一些古书的“切实而浅明的白话文导言”。谁要知道某书是什么，它就告知你个什么，看了这本书当然不就是变为读了古书，可是古书的来历，其中的大要，历来对于该书有什么问题，直到如今为止，对于该书已经讨论到什么程度，都可以有个简明的概念。学生假如自己在一大堆参考书里去摸索，费力甚多，所得未必会这么简明。因这本书的导引，去接触古书，就像预先看熟了地图跟地理志，虽然到的是个新地方，却能头头是道。

（选自《叶圣陶语文教育论集》）

1. 以下说法中符合文意的两项是（　　）（　　）。

A. 只要历史教本跟其他学生用书编撰得好，教师和关怀学生的一些人又指导得法，学生就可以一辈子不读《论语》《庄子》这些古书。

B. 读《诗经》就不能让学生读白话《诗经》，只能直接读《诗经》原文。

C.《史记》作为历史书，尽可用“历史教本”“中国通史”之类来代替；作为文学作品，还是得直接读《史记》。

D. 不怕旅行辛苦，道路几千，跑上峨眉金顶看日出，或者跑到敦煌看一窟寺历代的造像跟壁画。这样做完全没有用，只有那股劲儿倒可以佩服。

E. 读古书读得得其道，也会有类似有用之外的无用之用。

2. 根据文章内容，以下对《经典常谈》这本书的作用概括最精确的一项是（　　）。

A. 该书指出了现代学生应当读些古书的缘由和一些方法。

B. 该书不是写给专家和大学里特地讨论古书的学生看的，而是写给那些需要读些古书的学生看的。

C. 该书是一些古书的“切实而浅明的白话文导言”。

D. 该书是理想中一般人的经典读本，读了这本书就等于接受了经典训练，不用再去接触古书了。

3. 现代学生为什么应当读一些古书？请联系本文简述。

____

____

4. 现代学生应当如何读古书？

____

____

四、综合训练

朱自清先生

冯至

远在二十五年前，我读到过一部诗集《雪朝》，是六个人的合集，其中有一位是朱自清。封面是黄色的，里面的诗有一个共同趋势：散文化，朴实，好像有很重的人道主义的色彩。那本诗集现在已经很不容易得到了，并且里边的诗我一首也不记得，但根据我模糊的印象，我可以说，假如《雪朝》里的诗能够在当时成为一种风气，发展下去，中国新诗也许会省却许多迂途。只可惜中国的新诗并没有那样发展下去，中间走了许多不必要的歧途，而《雪朝》中的六位作者也在中途有的抛掉了诗，有的改变了作风。其中真能把那种朴质的精神保持下来，不但应用在诗上，而且应用在散文以及做人的态度上的，据我所知，怕只有朱自清先生吧。

我最初遇见朱先生是在一九三二年的夏天，那时我住在柏林西郊，他在清华任教休假到伦敦住了一年，归途路过柏林。我请他到我住的地方谈过一次，过了几天又陪他到波茨坦的无忧宫去游玩过。他很少说话，只注意听旁人谈讲；他游无忧宫时，因为语言文字隔阂，不住地问这个问那个，那诚挚求真的目光使回答者不好意思说一句强不知以为知的话。此后他就到意大利从威尼斯登船回国了，三年后，我也回国了，和他却很少见面，见了面也没有得到过充足的时间长谈。至于常常见面，能谈些文学上问题，则是共同在昆明西南联合大学教书的那几年。

他谈话时，仍然和我在柏林时所得到的印象一样。他倾心听取旁人的意见，旁人的意见只要有一分可取，他便点头称是。他这样虚心，使谈话者不敢说不负责任的话。他对我的确发生过这样的作用。我不知道别人在他面前是否也有过同样的感觉，但愿他的诚挚和虚心——这最显示在他那两只大眼睛上——曾经启迪过不少的人，应该怎样向人谈话！

由虚心产生出来的是公平，没有偏见。党同伐异，跟自己意见相同的就结为朋党，跟自己意见不同的就加以攻击，刻薄寡恩，在朱先生写的文字里是读不到的。他不是没有自己的意见，但他对于每个文艺工作者都给予分所应得的地位，不轻易抹杀任何一个的努力。去年五四，北大举行文艺晚会，我和他都被约去讲演，我在讲演时攻击到战前所谓象征派的诗，夜半回来，他在路上向我说："你说得对！只是有些过分。"今年七月四日，我到清华去看他——这是我最后一次见他——他已十分憔悴，谈起一个过于主观的批评家，他尽管不以他为然，却还是说："他读了不少的书。"

一个没有偏见的、过于宽容的人，容易给人以乡愿的印象，但是我们从朱先生的身上看不出一点乡愿的气味。一切在他的心中自有分寸，他对于恶势力绝不宽容。尤其是近两年来，也就是回到北平以来，他的文字与行动无时不在支持新文艺以及新中国向着光明方面的发展。他有愤激，有热烈的渴望，不过这都蒙在他那平静的面貌与朴质的生活形式下边，使一个生疏的人不能立即发现。他最近出版的两部论文集《论雅俗共赏》和《标准与尺度》是他最坦白的说明。他一步步地转变，所以步步都脚踏实地；他认为应该怎样，便怎样。我们应该怎样呢？每个心地清明的中国人都会知道得清楚。

不幸他在中途死去。中国的新文艺失却一个公正的扶持人，朋友中失却一个公正的畏友，将来的新中国失却一个脚踏实地的文艺工作者。

现在我如果能够得到《雪朝》那本诗集，再把他历年的著作排列在一起，我会看见他在这一世纪的四分之一的时间内走着一条忠实朴素的道路。

一九四八年，北京

1. 下列对文章的分析和概括，不正确的两项是（　　）（　　）。

A. 本文以与朱自清先生交往的时间为线索，运用了叙议结合的方式，突出了朱自清先生"忠实朴素"的特点。

B. 本文写朱自清先生，却从诗集《雪朝》写起，因为朱自清先生是《雪朝》的作者之一，通过《雪朝》很自然地引起对朱自清先生的回忆，也是为了表现朱自清先生质朴的品质。

C. 文中的“迂途”指的是诗歌发展走的不必要的歧路，“乡愿”指对家乡有深厚情感的人，“畏友”指能严正指出自己错误的朋友。

D. 文中画线的句子是朱自清先生对作者的委婉批评。这体现了朱自清先生对朋友的宽容——即使朋友说错了，也要先肯定。

E. 文章第五段结尾说“我们应该怎样呢？每个心地清明的中国人都会知道得清楚”，“知道”的内容应该是支持新文艺以及新中国向着光明方面发展。

2. 文章结尾一段可不可以删掉？为什么？

____

____

3. 文章写了朱自清先生的哪些优秀品质？请简析。

____

____

4. 朱自清先生对人过于宽容，甚至肯定一个过于主观的批评家“读了不少书”，而第五段又说他“绝不宽容”，这是否矛盾？请结合文本探究。

____

____

名著真题演练

一、作品文学常识

1. 下列文学常识表述有误的一项是（　　）。

A.《南乡子·登京口北固亭有怀》作者是南宋词人辛弃疾。南乡子，词牌名。

B.《答谢中书书》作者陶弘景，字通明，南朝齐梁时思想家，有《陶隐居集》。

C.《诗经》是我国最早的一部诗歌总集，收录了从西周到春秋时期的诗歌三百零五篇。

D.《北冥有鱼》出自《庄子·逍遥游》。庄子，战国时哲学家，儒家学派代表人物。

2. 下列文学文化常识说法正确的一项是（　　）。

A.《庄子》是道家经典著作。《礼记》是战国至秦汉间儒家论著的汇编，相传是东汉经学家戴圣编纂的。

B. 铭，古代刻在器物上用来警诫自己或者称述功德的文字，后来成为一种文体。《小石潭记》《桃花源记》都以“记”为名，在古代都属“杂记体”，但写法各不相同。

C.《白杨礼赞》的作者是茅盾，原名沈德鸿，字雁冰，作家、社会活动家。《皇帝的新装》的作者是英国作家安徒生，代表作有《卖火柴的小女孩》《丑小鸭》等。

D. 老莱娱亲、卧冰求鲤、伯牙鼓琴、黄香温席，都是孝心故事。

3. 下列说法有误的一项是（　　）。

A. 婉约派是宋词一大流派，该派词作情思细腻、语言华美，代表词人有晏殊、李清照等。

B.“诸子百家”中对后世产生过重大影响的学派有儒家、道家、法家、墨家等。

C. 词又称“长短句”，句式长短不一。始于宋代，苏轼和辛弃疾是豪放词派的代表人物，而李清照可以说是婉约词派的代表。

D.《关雎》和《蒹葭》两首诗都充分体现了《诗经》在创作手法上的特点，即一唱三叹，反复吟咏。

4. 下列关于文学文化常识表述不正确的一项是（　　）。

A. 古代对于不同的年龄有相应的不同的称呼，如：豆蔻——女子十三四岁，弱冠——男子二十岁左右，花甲——六十周岁。

B. 孟子，名轲，儒家学派的代表人物之一，地位仅次于孔子，与孔子并称“孔孟”。宣扬“仁政”，最早提出“民贵君轻”的思想。

C.《战国策》是一部国别体史书，《邹忌讽齐王纳谏》《周亚夫军细柳》两篇课文都出自这部史书。

D. 郦道元《三峡》中“每至晴初霜旦，林寒涧肃……哀转久绝”，所描写的应该是霜降至立冬节气之间的景物。

二、作品主要内容

1. 下列说法有误的一项是（　　）。

A.《诗经》以四言为主，普遍采用赋、比、兴的手法，有重章叠句的特点。

B. 我国第一部诗歌总集是《诗经》，第一部水文地理专著是《水经注》。

C.《诗经》是我国最早的一部诗歌总集，《关雎》和《蒹葭》是其中歌咏纯真爱情的名篇。

D.《诗经》是我国最早的一部诗歌总集，收录了从西周到春秋时期的诗歌三百篇，也称“诗三百”，这些诗歌分为“风”“雅”“颂”三个部分。

2. 下列说法有误的一项是（　　）。

A.“诸子百家”是指我国先秦到汉初各学派的代表人物及其著作。

B. 有些古文，其标题就表明了文章的体裁。如《陋室铭》《醉翁亭记》《出师表》《捕蛇者说》等题目中的“铭”“记”“表”“说”，都表明了该文的文体。

C.“乐府”是指汉魏六朝文学史上出现的一种能够配乐歌唱的旧诗体，如《木兰诗》。

D. 序是一种文体，有书序和赠序之分，《送东阳马生序》是一篇赠序。

3. 下列说法有误的一项是（　　）。

A.《马说》《陋室铭》《送东阳马生序》中，“说”“铭”“序”分别表示古代的一种文体。“说”是叙事兼议论，“铭”一般是用韵的，“序”是临别赠言。

B.《陈涉世家》节选自编年体通史《史记》，作者是西汉史学家、文学家司马迁，全书共一百三十篇。

C.“四书”包括《论语》《孟子》《大学》和《中庸》，“五经”包括《诗》《书》《礼》《易》《春秋》。

D.《战国策》由西汉末年刘向整理编辑，《唐雎不辱使命》选自其中。

4. 下列说法有误的一项是（　　）。

A.《史记》是西汉司马迁编写的我国第一部编年体通史，共一百三十篇，被鲁迅誉为“史家之绝唱，无韵之《离骚》”。

B. 在我国古代作品中，常用“汗青”“桑梓”“婵娟”“襁褓”来指代史书、家乡、月亮和不满周岁的婴孩。

C. 世界三大短篇小说巨匠是法国的莫泊桑、俄国的契诃夫、美国的欧·亨利。其中我们学过莫泊桑的《我的叔叔于勒》和契诃夫的《变色龙》。

D. 古人把山的南面、水的北面称为“阳”，山的北面、水的南面称为“阴”。如“河阳”指的就是黄河的北岸，“汉阴”指的就是汉水的南岸。

5. 下列关于文学常识和名著阅读的表述，正确的一项是（　　）。

A.《论语》是春秋战国时期儒家学派的创始人孔子所著的一本书，记录的是孔子的言行。

B. 朱自清，我国著名的散文家、诗人、学者。我们学过他的散文《春》《背影》。

C.《格列佛游记》讲述的是法国船医格列佛因海难等原因流落到小人国、大人国等地的经历。

D.《香菱学诗》选自《水浒传》，文章开头写的是香菱到潇湘馆拜访黛玉时请求学诗的情节。

6. 下列几项中表述有误的一项是（　　）。

A.《邹忌讽齐王纳谏》出自《战国策·齐策》。《战国策》简称《国策》，为国别体史书，由汉代刘向整理改编而成，具有很高的文学价值。

B.《左传》相传为春秋时期的左丘明所著，是我国最早的一部编年体史书，它记事详备、文辞优美，《曹刿论战》就是其中的名篇。

C.《诗经》收集了自西周初年到春秋中叶间共三百零五首诗，分为“风”、“雅”、“颂”三部分。《蒹葭》一诗出自“小雅”，表现了少女对心上人的思念之情。

D.《论语》《孟子》均为儒家经典著作，《论语》辑录了孔子及其学生的语录，而《孟子》则较为完整地记录了孟子的思想和言论。

7. 填入下面一段文字横线处的语句，最恰当的一句是（　　）。

古人说仓颉造字，仓颉实际上是一个集合名词，是我们所有祖先的名字。________________________，这些由点横撇捺交织错落成的符号如同粒粒精致而有营养的粮食，滋养我们的民族文化走向更加深邃的空间。

A. 中华子孙无尽的创造力展现在汉字上，造就了我们民族辉煌灿烂的文化系统

B. 汉字展现了中华子孙无尽的创造力，造就了我们民族辉煌灿烂的文化系统

C. 造就了我们民族辉煌灿烂的文化系统，也展现了中华子孙无尽的创造力

D. 造就了我们民族辉煌灿烂的文化系统，把中华子孙无尽的创造力展现出来

三、作品阅读鉴赏

“四书”第七（节选）

朱自清

“四书”按照普通的顺序是《大学》《中庸》《论语》《孟子》，简

称《学》《庸》《论》《孟》。这四种书原来并不在一起，《学》《庸》都在《礼记》里，《论》《孟》单行。

最初用力提倡“四书”的是程颢、程颐兄弟。他们说：“《大学》是孔门的遗书，只有从这部书里，还可以知道古人做学问的程序。从《论》《孟》里虽也可看出一些，但不如这部书的分明易晓。学者必须从这部书入手，才不会走错了路。”这里没提到《中庸》。可是他们是很推尊《中庸》的。他们在另一处说：“《中庸》是孔门传授心法的书，是子思记下来传给孟子的。书中所述的人生哲理，意味深长；会读书的细加玩赏，自然能心领神悟，终身受用不尽。”朱子接受二程的见解，加以系统的说明，四种书便贯串起来了。

朱子说，有了《大学》的提纲挈领，便能领会《论》《孟》里精微的分别；融贯了《论》《孟》的旨趣，也便能领会《中庸》里的心法。不领会《中庸》里的心法，是不能从大处着眼，读天下的书，论天下的事的。所以，朱子将《中庸》放在第三步，和《大学》《论》《孟》合为“四书”，作为初学者的基础教本。不过朱子教人读“四书”，为的成人，后来人却重在猎取功名；这是不合于他提倡的本心的。至于顺序变为《学》《庸》《论》《孟》，那是书贾因为《学》《庸》篇页不多，合为一本的缘故；通行既久，居然约定俗成了。

1. 根据材料，概述“四书”的形成过程。

____

____

2. 二程和朱子分别是怎样评价《大学》的？

____

____

3. 请分析本文对读者研读“四书”有哪些指导意义。

____

____

四、综合训练

诗的源头是歌谣。上古时候，没有文字，只有唱的歌谣，没有写的诗。一个人高兴或悲哀的时候，常愿意将自己的心情诉说出来。日常的言语不够劲儿，便用歌来：一唱三叹的回肠荡气。唱叹再不够的话，手就舞起来了，脚也蹈起来了，反正要将劲儿使到了家。碰到节日，大家聚在一起酬神作乐，唱歌的机会更多。或一唱众和，或彼此竞胜。传说葛天氏的乐八章，三个人唱，拿着牛尾，踏着脚，似乎就是描写这种光景的。歌谣越唱越多，虽没有书，却存在人的记忆里。有了现成的歌儿，就可借他人的酒杯，浇自己块垒；随时拣一支合适的唱唱，也足可消愁解闷。若没有完全合适的，尽可删一些、改一些，到称意为止。流行的歌谣中往往不同的词句并行不悖，就是为此。可也有经过众人修饰，成为定本的。歌谣真可说是“一人的机锋，多人的智慧”了。

歌谣可分为徒歌和乐歌。徒歌是随口唱，乐歌是随着乐器唱。徒歌也有节奏，手舞脚蹈便是帮助节奏的；可是乐歌的节奏更规律化些。到了《诗经》时代，有了琴瑟钟鼓，已是洋洋大观了。歌谣的节奏，最主要的靠重叠或叫复沓；本来歌谣以表情为主，只要翻来覆去将情表到了家就成，用不着说多余的话。重叠可以说原是歌谣的生命，节奏也便建立在这上头。字数的均齐，韵脚的调协，似乎是后来发展出来的。有了这些，重叠才在诗歌里失去主要的地位。有了文字以后，才有人将那些歌谣记录下来，便是最初的写的诗了。

（选自朱自清《经典常谈》，有删改）

1. 材料中，上古歌谣有哪些主要用途？

____

____

2. 如何理解歌谣是“一人的机锋，多人的智慧”？

____

____

3. 请结合材料，概括歌谣与最初的诗的不同之处。

____

____

名著读后感

朱自清《经典常谈》读后感（一）

最近读了朱自清先生的《经典常谈》一书，朱自清先生逝世已七十四年，看了这本书，能从书中字里行间感受到他孜孜不倦的精神，使人追怀不已，并为其短暂的生命而惋惜。

书中以普及中华民族优秀传统文化为出发点，对《说文解字》《周易》《尚书》《诗经》，“三礼”，“春秋三传”，《国语》《大学》《中庸》《论语》《孟子》等十多种中华文化经典和诸子百家思想，以及诗、文、赋等文学体裁进行了深入浅出的介绍和分析，为广大青年解读中华文化经典开启一扇新的大门。书中的文章语言简洁明快，把握精髓，是难得的导读精品。

作者在书的序言中阐述了何谓经典，也指出了经典都包括哪些书籍，这些书籍共有十三种。这十三种书籍的作者、书诞生的原因、书的内容，及书所产生的影响都由作者逐一地做了介绍，这种夹叙夹议的过程就构成了全书的内容。这本书既可以看作散文集，又可以看作教科书，因为朱先生在书的序言里说，经典训练是中等以上教育里的必要项目之一。他的这一主张得到当时教育部的认可和教育界许多人士的赞同。

如果把接触经典的人比作游客，那么朱先生很像一位向导。当游客想要参观一个岩洞时，他先在洞外讲解一番，让游客心里知道个大概，不至于进了洞去感到迷糊。他可真是个好向导，自己在里面摸熟了，知道岩洞的成因和演变，也能对别人娓娓道来，不愧为大师。

朱自清《经典常谈》读后感（二）

近日读完了八年级名著阅读推荐的书目《经典常谈》，该书是朱自清先生的经典作品，主要是对中国传统文化的基本知识做了详解。朱自清先生在自序中也说这本书是学习传统文化的典籍，也可以称作“国学入门书”。既然能够称得上“国学入门书”，还是推荐阅读的作品，可见这本书的经典。

这部《经典常谈》所涉及的内容主要包括传统的“四书”“五

经”“十三经” 等著作。囊括了经、史、子、集四部的一些最广为流传、最为经典的著作。《经典常谈》这本书的书目编排顺序依次是:《说文解字》《周易》《尚书》《诗经》,“三礼”,“春秋三传”,“四书”,《战国策》《史记》《汉书》,诸子,辞赋,诗,文。书的自序中说:“各篇的排列按照传统的经史子集的顺序,并按照传统地已经将‘小学’书放在最前头。”所以这样一个比较循序渐进的次序也让读者能更好地来理解该书的宗旨。朱自清也说,要读懂这些书,特别是经、史、子、集,就必须先从理解字义开始,所以他选择把《说文解字》放在第一位,真可谓用心良苦。

《经典常谈》这本书可谓朱自清先生呕心沥血之作,他在书中不但对每一本著作都做了精辟的解释,并且在对某些著作的阐述上也加入了他自己的一些认识。比如在《“三礼”第五》中,朱先生说道:“天生万物,是个很古的信仰,但最普遍的还是祖先的信仰,直到我们这个时代,这个信仰还是很有力的,但大部分可以说是风俗习惯,这些风俗习惯有一些也可以说是生活的艺术。”在《〈尚书〉第三》中,朱先生对几千年来关于《尚书》的真伪也做了自己的考证,确定伏生的《尚书》为最原始的真本,所以,这种严谨的态度也恰恰可以为一些刚接触这些著作或者即将接触这些著作的人,提供一个更为客观、更为辩证地来了解、认识这些著作的渠道。

朱先生的这本书虽然称作“经典常谈”,但深入读下去却更像是“经典导读”,他在告诉读者中国古典文学的重要性。众所周知,在国外文化的影响下,新一代的中国人对我们华夏文化的关注越来越少,面对日益增多的“舶来”文化,已经很少再有家庭注重让孩子接受“传统教育”了。所以能以这样的方式来为我们的古代文化做一个诠释、代言，一定程度上也能让我们的华夏文化得以更好地流传。

参考答案

名著大通关

一、作品文学常识

1. B　2. B　3. B　4. B

二、作品主要内容

1. 孔子及其弟子言行;《大学》《中庸》《孟子》; 儒家

2. 左丘明; 编年体

3.《诗经》; 西周初年到春秋中叶; 诗三百

4. 孟子及其弟子; 亚圣

5. 中国古代乐府; 郭茂倩

6. 国别体; 刘向

7. 司马迁; 纪传体; 史家之绝唱, 无韵之《离骚》

三、作品阅读鉴赏

1. CE　2. C

3. ①书籍的实质和形式是分不开的，要了解它、享受它，必须面对它本身；涵泳得深，体会得切，才有得益。②阅读经典能开阔视野、扩大胸襟、增长见识。③作为中国受过高等教育的国民，有接触本国经典的义务。

4. ①学生的读法不能跟专家一样。②分量不能多，就是从前读书人常读的一些书籍也不必全读。③阅读的本子最好是辑录训诂校勘方面简明而可靠的定论的集子。④从阅读的范围说只要精，不妨小。

四、综合训练

1. CD

2. 不可以。最后一段与第一段照应，使文章浑然一体；用《雪朝》收束全文，高度概括了朱自清先生的质朴精神和对中国新文学的贡献。

3. ①与人谈话保持诚挚和虚心的态度。②对待他人公平，没有偏见。③对恶势力绝不妥协宽容。④做事情坚持原则，脚踏实地。

4. 不矛盾。朱自清先生的宽容，指的是他身上的人道主义精神，以及对每个文艺工作者的肯定，这也是他对新文艺支持的一种表现；“绝不宽容”是指向恶势力的，他的文字与行动无时不在支持新文艺以及新中国向着光明方面的发展。

名著真题演练

一、作品文学常识

1. D　2. B　3. C　4. C

二、作品主要内容

1. D　2. C　3. B　4. A　5. B　6. C　7. B

三、作品阅读鉴赏

1.《大学》《中庸》原本都在《礼记》里，《论语》《孟子》单行；二程强调《大学》《中庸》的作用；朱子接受二程的见解，加以系统说明，贯串“四书”；书贾改变“四书”顺序，形成通行本。

2. 二程认为，从《大学》可知古人做学问的程序，而且分明易晓，初学者从它入手不会走错路；朱子认为，《大学》提纲挈领，由此能领会《论语》《孟子》的精微分别，进而能领会《中庸》的心法。

3. 研读“四书”，目的是提升人格修养，而非猎取名利；研读“四书”，要理解其内在逻辑，循序渐进；研读“四书”，要从大处着眼，进而读天下书，论天下事。

四、综合训练

1. 抒发情感（消愁解闷），酬神作乐（庆祝节日），唱和竞胜。

2. 歌谣最初是个人心情的诉说；集众人聚唱，歌谣增多；经众人修饰，歌谣成为定本。

3. 节奏要求不同：前者主要依靠重叠，后者主要依靠字数均齐、韵脚调协。传播方式不同：前者依靠口口传唱，后者借助文字记录。

名 师 精 讲 整 本 书 阅 读

经典常谈

朱自清 / 著　　张媛 武悦 / 导读

Jing Dian Chang Tan

作家出版社

图书在版编目（CIP）数据

经典常谈 / 朱自清著；张媛，武悦导读．-- 北京：作家出版社，2025.1 --（“名师精讲整本书阅读”丛书）. -- ISBN 978-7-5212-3235-6

Ⅰ. Z835

中国国家版本馆 CIP 数据核字第 20241U8F76 号

经典常谈

作　　者： 朱自清
导　　读： 张　媛　武　悦
责任编辑： 张　平
装帧设计： 孙惟静
出版发行： 作家出版社有限公司
社　　址： 北京农展馆南里10号　　**邮　　编：** 100125
电话传真： 86-10-65067186（发行中心）
86-10-65004079（总编室）
E-mail:zuojia@zuojia.net.cn
http://www.zuojiachubanshe.com
印　　刷： 三河市兴国印务有限公司
成品尺寸： 165×230
字　　数： 150千
印　　张： 11
版　　次： 2025年1月第1版
印　　次： 2025年1月第1次印刷
ISBN　978-7-5212-3235-6
定　　价： 26.00元

目录 CONTENTS

附录

导读

张　媛

作者简介

朱自清于1898年出生，原名自华，号实秋，后来改名自清，字佩弦，是中国现代著名散文家、诗人、学者、民主战士。朱自清于1916年考入北京大学预科，1920年从北京大学哲学系毕业。他1921年加入文学研究会，成为"为人生"的代表作家，并与叶圣陶等人创办了新文学史上第一个倡导写作新诗的诗刊，即《诗》月刊。1928年，第一部散文集《背影》出版。1931年留学英国，1932年归国之后任清华大学中文系教授兼系主任。"一二·九"运动中，他和学生共同游行。抗战爆发后，随校南迁，任西南联大教授。1948年，病逝于北平。

回顾朱自清的一生，我们可以看到他是一位杰出的语文教育家。他大学毕业之后，做了五年中学教师，又做了二十三年大学教授，始终热爱语文教育。叶圣陶先生评价他："兼有中学及大学的教学经验，兼有新旧文学的修养，除了文学造诣之外，他又富有研究的精神，除了本国语文的修养外，他又有外国语文的精深的造诣。朱先生具备这么些条件，所以就语文教学方面来说，他真是个全才。"无论在中学执教，还是主持清华大学中国文学系，他都能把一切事情安排得井井有条。他做事认真，教学严谨，待人以诚，亲和力强。他在温州的浙江省立第十中学任教时，独创了作文计分法，即在作文本首页记录本学期作文分数，勾画成绩的升降线，激发学生的进取心和写作热情。

《经典常谈》是朱自清在20世纪30年代末到40年代初为中学生撰写的一部介绍我国传统文化经典的著作，初版于1942年。

阅读价值

《经典常谈》系统总结了中国传统文化的精髓。钱伯城评价《经典常谈》是“介绍讲解中国传统文化基本知识”的“国学入门书”“基础书”，是一部“通俗化学术读物”。《经典常谈》可以引导我们在较短时间内一览我国古代思想文化的基本面貌，摸清楚中国传统典籍的“家底”，了解其演变发展的轨迹，建构较全面、系统的认知结构。

全书收录文章共十三篇，按我国古代经、史、子、集四部分类法的顺序介绍了《周易》《尚书》等经典著作，并梳理与讲解了诸子百家、辞赋和历代诗文的情况，成为普及中华传统文化的经典之作。要读懂这些书，特别是经、子，得懂“小学”，就是文字学，所以《说文解字》等书也是经典的一部分。《说文解字》因是“一切的古典的工具和门径”而位于首篇。

经部收录儒家“十三经”及相关著作，本书选择了《周易》《尚书》《诗经》和“三礼”“春秋三传”“四书”做介绍。史部收录了十五大类史书，本书选择《战国策》《史记》《汉书》做介绍。子部收录诸子百家等十四个大类的著作，本书概括为“诸子”，主要介绍了孔子、孟子、荀子、墨子、老子、庄子等人的思想主张。集部收录楚辞、词曲等五个大类的著作，本书选取了辞赋、诗、文三个部分。

阅读《经典常谈》，会增加我们的知识储备，拓展我们的文化视野，帮助我们了解文化经典的基本面貌与核心特质，了解它们形成的过程、传播与接受的历史以及在学术史上的地位。如《诗经》中很多脍炙人口的经典篇章，于古代都被视为政治教化的文本，在儒家道德伦理观念的视域下被观照、审视、解读，《毛传》则是古代“诗经学”的代表。鲁迅的《阿长与〈山海经〉》中就曾提到《毛诗草木鸟兽虫鱼疏》《毛诗品物图考》等著作，对少年时代的他产生过很大影响。如果不知《毛传》为何书，我们恐怕很难真正走进《诗经》瑰丽的文化殿堂，对鲁迅的精神世界了解也会受限。再如我们都知道屈原的代表作《离骚》，也听说过"楚辞"，却容易把二者混为一谈，误认为《楚辞》的作者是屈原。其实，"楚辞"作为一种诗体被正式确立并获得经典地位，已经是汉代的事，也并非屈原一人的功劳，而是经过宋玉、贾谊、东方朔、王逸等数代人的创作积累，最终成集，可谓时间沉淀的经典。了解这些史实，我们便可以认识到传统学术史的基本面貌，进而真正地尊重文化，传承文化，弘扬文化。

阅读《经典常谈》，还会涵养我们"人之为人"的根基与气脉。叶圣陶在《读〈经典常谈〉》中指出："一些古书，培育着咱们的祖先，咱们跟祖先是一脉相承的，自当尝尝他们的营养料，才不至于无本。""胸襟扩大了，眼光深远了，虽然还是各做他们的事儿，却有了一种新的精神。这就是所谓无用之用。"《说文解字》、"四书"、"五经"、《战国策》、《史记》、《汉书》等典籍，是先民给我们留下的极为珍贵的文化遗产，其中蕴含着中华民族的聪明才智和极为厚重的传统文化精神，是我们必须继承的宝贵财富。最古老的经典，总是在遥远的历史深处，制约着我们的今天。"经典"之所以成为"经典"，因为其发乎人性，具有开敞宏阔的气象、高尚儒雅的情怀、昂扬豪迈的气概……每一个中国人，都应当自觉地承担起爱护、研究、传承优秀文化遗产的重任。正如任继愈所言："一个民族的文学、史学、哲学、宗教最能体现这个民族的性格和风格。不管你是学理的，还是学文的，都应该对民族的历史有所了解，这样才能知道中华民族的文化多么优秀，真理本身是多么朴素可爱。"

阅读方法

叶圣陶评价《经典常谈》"是一些古书的'切实而浅明的白话文导言'"，"因这本书的导引，去接触古书，就像预先看熟了地图跟地理志，虽然到的是个新地方，却能头头是道”。我们在阅读本书时，要关注作者谈论的“核心话题”，去梳理经典作品的发展流变。关注行文思路的同时，我们还要品析本书的语言特点——散文化的漫谈风格。我们可采用这样的阅读路径走进《经典常谈》：

一、初步阅读，了解概貌

本书共十三篇文章，可拟订阅读计划，每日阅读一篇，共用十三天初读完毕。建议每分钟阅读字数不少于五百字，每篇文章用时十分钟左右。我们可以边阅读，边圈点批注。可以标出自己认为重要的信息，做旁批。重要信息包括能提示自己理清作品源流发展或人物事件发展转变的重要语句，可以标注时间节点及转变内容，并在旁边做信息提要。如果找到能引发自己阅读兴趣的话题，就及时写下自己的联想与思考。我们还可以找到渴望深入研究的话题，查找资料，丰富认知。阅读到作者举例解说观点的部分时，也可以增补自己想到的合宜的论据。

二、自选篇目，自主精读

这十三篇文章，每篇都在围绕一个独立话题讨论。在通读全书之后，我们可以选择自己最感兴趣的篇目做精读。

我们可以为文章绘制思维导图，梳理文章主体内容。我们可以采用以下步骤完成绘制：首先，认真阅读文章，梳理出每一段讨论的主要内容，用荧光笔或记号笔标注重点信息。接下来，将讨论同一话题或表达同一观点的段落整合在一起，提炼出核心观点，如对某书某人物的评价等。接着，我们可以将表述不同内涵或观点的内容的关键词句罗列出来。最后，可以用有创意的形式将这些关键词句设计成一幅思维导图，可以关注版面设计并增补意象等。

我们还可以尝试完成“新标题拟定”。纵览本书目录中的标题，构成形式是原典的书名加上在本书中的排序，并未涉及主要观点或核心内容。我们可尝试将每篇文章现有标题变为副标题，重新拟定一个主标题。我们可以阅读文章，圈点勾画出能体现作者独特评价的语句；再筛选比较，组织一个表述较为凝练的短语或句子作为本篇的题目，既能体现本篇价值，又简洁醒目。

例如，我们可以为《〈周易〉第二》拟定主标题为“数目的哲学”或“巫术的本来面目”，抑或是“哲学乎？巫术乎？”。本篇主要内容是讲解《周易》的成书过程，讲解了从八卦到六十四卦的发展过程。文中说：“八卦原是数目的巫术，这时候变成数目的哲学了。”“八卦便象征着也支配着整个的大自然、整个的人间世了。”《周易》的本源是“哲学”还是“巫术”，也是作者力求辨析清楚的话题。作者在文章最后也表明了自己的观点：儒家的《周易》是哲学化了的，民众的《周易》倒是巫术的本来面目。

我们还可以创作对联，提炼经典的阅读价值。例如，读完对《史记》的介绍，我们可以依据文中信息拟写对联。例如，上联可为“窃比孔子存史料，自出机杼，明王道辨人事”，下联可为“谨承父愿修巨著，创立规模，分贤肖叹无常”，横批为“成一家言”。

三、贯通思辨，参照阅读

精读部分篇目的同时，我们会在篇与篇之间建立联系，或者就文中所言话题做思考审辨。如阅读《周易》《诗经》的成书及传承过程，我们不仅可以廓清经典的本源及被附加的政治意义，还可以学到作者在整理文献资料时的博观约取与分析思辨。多部经典的传承命运联系起来，我们不难想到“文化总是在一定地区、国家、民族繁衍出来的，文化本身是很难抽象地存在的，它必须寄生在政治实体之上才能发展”（任继愈语）。

《经典常谈》中涉及的文化典籍，往往兼具思想性与文学性，我们还可将其与课内文本或其他书目做参照阅读。如《〈春秋〉三传第六》评价《左传》的语言艺术:“《左传》所记当时君臣的话，从容委曲，意味深长。只是平心静气地说，紧要关头却不放松一步，真所谓恰到好处。”我们在中学阶段的语文学习中会接触到《曹刿论战》《烛之武退秦师》等篇章，将具体的课文与前辈学者的提炼、总结互相参照，我们会有更多的收获。

四、走向原典，读有所感

阅读《经典常谈》这样的通俗性学术读物，需要认真思考与反复斟酌。“在被它带入门之后，还要去阅读古籍原文，才能真正地亲近经典，更好地领会《经典常谈》画出的理论框架。”（赵长征语）在读完本书后，我们还可以选择自己最感兴趣的经典原作或文史专题做深入研究，感受经典作品原典的震撼力量。我们还可以把自己的阅读感悟写成读后感，与更多人交流分享。

“没有经典，我们会停止思考”，“没有诠释，经典会失去意义”（商务印书馆版《经典常谈》)。希望大家读《经典常谈》，真正做到“常读常新”，能够不断从文章、原典中汲取历久弥新的生命智慧，不断获得从此时此地重新出发的精神力量。

附

朱自清散文导读

武　悦

朱自清先生的《背影》和《荷塘月色》都是入选中小学课本的散文名篇，也是了解中国现代早期散文的重要文本。

我们在学习和阅读朱自清先生的散文时，可以试着将其放入中国现代散文发展史中看待，在细读文本的过程中，或可同时体味到白话文的清新自然和古典诗文的典雅蕴藉。

以《荷塘月色》为例，我们在细读时就可以从修辞手法的角度进入文本，剖析作者的写作技巧。比如，“曲曲折折的荷塘上面，弥望的是田田的叶子。叶子出水很高，像亭亭的舞女的裙。层层的叶子中间，零星地点缀着些白花，有袅娜地开着的，有羞涩地打着朵儿的；正如一粒粒的明珠，又如碧天里的星星，又如刚出浴的美人。微风过处，送来缕缕清香，仿佛远处高楼上渺茫的歌声似的”，这一段文本中不仅有我们熟知的比喻和拟人等修辞手法，还有不常见的“通感”。作者将夜色下荷塘飘散的缕缕清香，比喻成从远处高楼传来的若有似无的歌声，于是荷花的清香不再是扑面而来的单薄，更添一种“犹抱琵琶半遮面”的朦胧，作者的嗅觉和听觉在此刻似乎完全打通了。我们甚至还可以联想到《红楼梦》中那个中秋之夜，贾母命人隔着池水远远地吹起笛子，当笛声穿林渡水而来时，渺茫的笛声、潋滟的池水与皎洁的月色正可以相得益彰。我们完全可以借“通感”的手法体味古今作家对美的微妙感知。朱自清先生的散文中其实还有许多值得细读的句子，如果浮光掠影、一目十行，就会在不经意间丢失一些文本中潜藏的妙处。

朱自清先生还很善于将古典诗词融入白话散文中，更添一种古今交叠的韵味。《西洲曲》中“采莲南塘秋，莲花过人头”和《采莲赋》中“妖童媛女，荡舟心许”，与《荷塘月色》全文的意境非常合拍，在荷塘边漫步的作者或恰好感受到了古人在诗文中表现出的境界，这使得文章收尾处有一种言有尽而意无穷的况味。很多现代散文家都有着非常深厚的古典文学修养，我们在细读文章时不仅可以学习作者的写作技巧，还可以积累好词好句以丰富自己的语言。

除了细读文本之外，我们还可以采用知人论世的方法，了解作者的写作背景，以达到对文章主题思想更深刻的理解，尤其是当我们和作者有相似的经历时，往往更能和作者共情，这样取得的阅读效果也许会更好。朱自清先生的《背影》是一篇回忆性散文，记录的是父亲送他北上求学的一段故事。这篇文章平实朴素的语言，可能在阅读和学习初期很难瞬间打动读者的心，但有趣的是，当网络上出现有关父亲的回忆文字时，很多网友会不约而同地提起《背影》，尤其是父亲蹒跚地替“我”买橘子的画面。也许是读者们在经历了和朱先生相似的岁月沧桑之后，更能理解《背影》表现出的虽然克制含蓄但又格外真挚浓烈的父子之情。这也是我们阅读很多名家散文时的收获，也许第一次阅读时的不解，会成为一道伴随我们成长的谜语，当时间褶皱中的答案浮现后，我们不仅理解了作者，也会对当年天真的自己十分怀念吧。当我们在阅读中经历岁月，一些古老经典的文本也会随着我们对它们的不断打磨，而重新经历一次生老病死，这也是很宝贵的体验，不是吗？

一位西方哲学家认为，一些经典文本具有不可被时间降解的特征，具备一种永远等待阐释也永远拒绝阐释的“陌生性”。应当如何理解这句话呢？在今天，我们为什么还需要不断擦拭文本上厚厚的历史尘埃呢？我们会发现，生活中离不开文字也离不开阅读，我们每一句脱口而出的话，都可能镶嵌着古老的成语或者传诵千年的诗歌名句，这意味着我们有意无意中已在运用经典，甚至已经习惯生活在经典之中。我们身处的当代并不完全属于活着的人。这不意味着我们是在故步自封或者墨守成规，而意味着一些搭载过前人的经典文本会在岁月中顺流而下，等待新的乘客。以朱自清先生的散文为例，他承接了古典文学的传统，而当代的读者又能感悟到他文本中新旧夹杂的独特韵味。我们必须承认，文本中有一些历久弥新的成分，它可能在任何时代都呈现出一种“无解”的神秘，但也能在任何时代提供一种解答的希望——我们赋予当下一种花纹，它就能呈现出一种相配的底色。

所以，也可以说，经典文本因其古老而年轻，我们不必在阅读中有任何畏难情绪。在疏通文意的基础上，我们可以知人论世、细读文本，最后尝试联系自己的个人体验，一定会有独特的心得体会。

序

在中等以上的教育里，经典训练应该是一个必要的项目。经典训练的价值不在实用，而在文化。有一位外国教授说过，阅读经典的用处，就在教人见识经典一番。这是很明达的议论。再说做一个有相当教育的国民，至少对于本国的经典，也有接触的义务。本书所谓经典是广义的用法，包括群经、先秦诸子、几种史书、一些集部；要读懂这些书，特别是经、子，得懂“小学”，就是文字学，所以《说文解字》等书也是经典的一部分。（这里解释了《说文解字》成为经典的缘由，与第一篇的内容呼应。）我国旧日的教育，可以说整个儿是读经的教育。经典训练成为教育的唯一的项目，自然偏枯失调；况且从幼童时代就开始，学生食而不化，也徒然摧残了他们的精力和兴趣。新式教育施行以后，读经渐渐废止。民国以来虽然还有一两回中小学读经运动，可是都失败了，大家认为是开倒车。另一方面，教育部制定的初中国文课程标准里却有“使学生从本国语言文字上了解固有文化”的话，高中的标准里更有“培养学生读解古书，欣赏中国文学名著之能力”的话。初、高中的国文教材，从经典选录的也不少。可见读经的废止并不就是经典训练的废止，经典训练不但没有废止，而且扩大了范围，不以经为限，又按着学生程度选材，可以免掉他们囫囵吞枣的弊病。这实在是一种进步。

我国经典，未经整理，读起来特别难，一般人往往望而生畏，结果是敬而远之。朱子似乎见到了这个，他注“四书”，一种作用就是使“四书”普及于一般人。他是成功的，他的“四书”注后来成了小学教科书。又如清初人选注的《史记菁华录》，价值和影响虽然远在“四书”注之下，可是也风行了几百年，帮助初学不少。但到了现在这时代，这些书都不适用了。我们知道清代“汉学家”对于经典的校勘和训诂贡献极大。我们理想中一般人的经典读本——有些该是全书，有些只该是选本、节本——应该尽可能地采取他们的结论：一面将本文分段，仔细地标点，并用白话文作简要的注释。每种读本还得有一篇切实而浅明的白话文导言。这需要见解、学力和经验，不是一个人一个时期所能成就的。商务印书馆编印的一些《学生国学丛书》，似乎就是这番用意，但离我们理想的标准还远着呢。理想的经典读本既然一时不容易出现，有些人便想着先从治标下手。顾颉刚先生用浅明的白话文译《尚书》，又用同样的文体写《汉代学术史略》，用意便在这里。这样办虽然不能教一般人直接亲近经典，却能启发他们的兴趣，引他们到经典的大路上去。（本书的写作意图——“启发他们的兴趣，引他们到经典的大路上去。”）这部小书也只是向这方面努力的工作。如果读者能把它当作一只船，航到经典的海里去，编撰者将自己庆幸，在经典训练上，尽了他做尖兵的一份儿。（再次强调写作意图——“读者能把它当作一只船，航到经典的海里去”。）可是如果读者念了这部书，便以为已经受到了经典训练，不再想去见识经典，那就是以筌为鱼，未免辜负编撰者的本心了。

这部书不是“国学概论”一类。照编撰者现在的意见，“概论”这名字容易教读者感到自己满足；“概论”里好像什么都有了，再用不着别的——其实什么都只有一点儿！“国学”这名字，和西洋人所谓“汉学”一般，都未免笼统的毛病。国立中央研究院的历史语言研究所分别标明历史和语言，不再浑称“国学”，确是正办。这部书以经典为主，以书为主，不以“经学”“史学”“诸子学”等作纲领。但《诗》《文》两篇，却还只能叙述源流；因为书太多了，没法子一一详论，而集部书的问题，也不像经、史、子的那样重要，在这儿也无须详论。书中各篇的排列，按照传统的经、史、子、集的顺序；并照传统的意见，将“小学”书放在最前头。（这是本书十三篇文章排序的依据。）各篇的讨论，尽量采择近人新说；（集成众说，治学之道。）这中间并无编撰者自己的创见，编撰者的工作只是编撰罢了。全篇的参考资料，开列在各篇后面；局部的，随处分别注明。也有袭用成说而没有注出的，那是为了节省读者的注意力；一般的读物和考据的著作不同，是无须乎那样严格的。末了儿，编撰者得谢谢杨振声先生，他鼓励编撰者写下这些篇常谈。还得谢谢雷海宗先生允许引用他还没有正式印行的《中国通史选读》讲义，陈梦家先生允许引用他的《中国文字学》稿本。还得谢谢董庶先生，他给我抄了全份清稿，让排印时不致有太多的错字。

朱自清

1942年2月，昆明西南联合大学

《说文解字》第一

《说文解字》是中国第一部通过分析字形来说解字义、辨识声读的文字学著作，是中国文字学经典，也是中国文化经典。收录小篆字形9353个。作者许慎（约58—约147），字叔重，东汉汝南召陵（今河南漯河）人。曾任太尉南阁祭酒，后任五经博士。

中国文字相传是黄帝的史官叫仓颉的造的。（以传说开篇，引发读者对文字起源的关注。）这仓颉据说有四只眼睛，他看见了地上的兽蹄儿、鸟爪儿印着的痕迹，灵感涌上心头，便造起文字来。文字的作用太伟大了，太奇妙了，造字真是一件神圣的工作。但是文字可以增进人的能力，也可以增进人的巧诈。（许慎在《说文解字》中解释“名”字——“夕者，冥也。冥不相见，故以口自名。”意思是人们在白天能认出彼此，而在夜晚则需要呼唤对方的名字才能相认。汉字所具有的强大的媒介功能从许慎对“名”的解释中就可见一斑。我们可以尝试从时间和空间两个角度理解文字的媒介功用。）仓颉泄漏了天机，却将人教坏了。所以他造字的时候，“天雨粟，鬼夜哭”。人有了文字，会变机灵了，会争着去做那容易赚钱的商人，辛辛苦苦去种地的便少了。天怕人不够吃的，所以降下米来让他们存着救急。鬼也怕这些机灵人用文字来制他们，所以夜里嚎哭[①]；文字原是有巫术的作用的。但仓颉造字的传说，战国末期才有，（“仓颉造字”传说产生的时间节点为战国末期。）那时人并不都相信，如《易·系辞》里就只说文字是“后世圣人”造出来的。这“后世圣人”不止一人，是许多人。我们知道，文字不断地在演变着；说是一人独创，是不可能的。《系

① 《淮南子·本经训》及高诱注。

辞》的话自然合理得多。

“仓颉造字说”也不是凭空起来的。秦以前是文字发生与演化的时代，字体因世、因国而不同，官书虽是系统相承，民间书却极为庞杂。到了战国末期，政治方面，学术方面，都感到统一的需要了，鼓吹的也有人了；文字统一的需要，自然也在一般意识之中。这时候抬出一个造字的圣人，实在是统一文字的预备功夫，好教人知道“一个”圣人造的字当然是该一致的。（此处分析“仓颉造字说”出现的历史语境。有时上古时期的历史和神话之间界限不清，可以尝试从“语境”的真实来看待一些似乎天马行空的神话传说。）《荀子·解蔽篇》说，“好书者众矣，而仓颉独传者，一也”，“一”是“专一”的意思，这儿只说仓颉是个整理文字的专家，并不曾说他是造字的人；可见得那时“仓颉造字说”还没有凝成定型。但是，仓颉究竟是什么人呢？照近人的解释，“仓颉”的字音近于“商契”，造字的也许指的是商契。商契是商民族的祖宗。“契”有“刀刻”的义；古代用刀笔刻字，文字有“书契”的名称。可能因为这点联系，商契便传为造字的圣人。事实上商契也许和造字全然无涉，但这个传说却暗示着文字起于夏、商之间。（作者治学，在研读文献资料的基础之上，有合理的推断与分析，这是学术研究的一种思路，也是我们阅读通俗性学术读物应当关注的内容。）这个暗示也许是值得相信的。至于仓颉是黄帝的史官，始见于《说文序》。“仓颉造字说”大概凝定于汉初，（“仓颉造字说”的凝定时间节点为汉初。）那时还没有定出他是哪一代的人；《说文序》所称，显然是后来加添的枝叶了。

识字是教育的初步。[从教育的源头说起。上古时期的学校，有小学、大学（太学）之分。大学以诗书礼乐为学习内容，而小学则以文字训诂为内容。]《周礼·保氏》说贵族子弟八岁入小学，先生教给他们识字。秦以前字体非常庞杂，贵族子弟所学的，大约只是官书罢了。秦始皇统一了天下，他也统一了文字；小篆成了国书，别体渐归淘汰，识字便简易多了。这时候贵族阶级已经没有了，所以渐渐注重一般的识字教育。到了汉代，考试史、尚书史（书记秘书）等官儿，都只凭识字的程度;识字教育更注重了。识字需要字书。相传最古的字书是《史籀篇》，（最古的字书，有着重要的奠基意义，也是后文所言秦始皇统一文字的重要支撑。）是周宣王的太史籀作的。这部书已经佚去，但许慎《说文解字》里收了好些“籀文”，又称为“大篆”，字体和小篆差不多，和始皇以前三百年的碑碣器物上的秦篆简直一样。所以现在相信这只是始皇以前秦国的字书。“史籀”是“书记必读”的意思，只是书名，不是人名。（合乎情理地推断。既解释了内涵，又避免了误解，这正是通俗性学术读物的特点，也颇有漫谈的趣味。）

始皇为了统一文字，教李斯作了《仓颉篇》七章，赵高作了《爰历篇》六章，胡母敬（亦作胡毋敬——编者注。）作了《博学篇》七章。所选的字，大部分还是《史籀篇》里的，但字体以当地通用的小篆为准，便与“籀文”略有不同。这些是当时官定的标准字书。有了标准字书，文字统一就容易进行了。汉初，教书先生将这三篇合为一书，单称为《仓颉篇》。秦代那三种字书都不传了，汉代这个《仓颉篇》，现在残存着一部分。西汉时期还有些人作了些字书，所选的字大致和这个《仓颉篇》差不多。就中只有史游的《急就篇》还存留着。《仓颉》残篇四字一句，两句一韵。《急就篇》不分章而分部，前半三字一句，后半七字一句，两句一韵;所收的都是名姓、器物、官名等日常用字，没有说解。这些书和后世“日用杂字”相似，按事类收字——所谓分章或分部，都据事类而言。这些一面供教授学童用，一面供民众检阅用，所收约三千三百字，是通俗的字书。（从演变、用途、数量、价值定位几方面梳理了东汉以前的民间字书发展情况。官书系统相承，民间字书较为庞杂。）

东汉和帝时，有个许慎，作了一部《说文解字》。这是一部划时代的字书。

(《说文解字》的作者、内容、问世的时间节点及价值意义。)经典和别的字书里的字，他都搜罗在他的书里，所以有九千字。而且小篆之外，兼收籀文“古文”；“古文”是鲁恭王所得孔子宅“壁中书”及张仓所献《春秋左氏传》的字体，大概是晚周民间的别体字。许氏又分析偏旁，定出部首，将九千字分属五百四十部首。书中每字都有说解，用晚周人作的《尔雅》、扬雄的《方言》，以及经典的注文的体例。这部书意在帮助人通读古书，并非只供通俗之用，和秦代及西汉的字书是大不相同的。它保存了小篆和一些晚周文字，让后人可以溯源沿流；现在我们要认识商、周文字，探寻汉以来字体演变的轨迹，都得凭这部书。而且不但研究字形得靠它，研究字音、字义也得靠它。研究文字的形、音、义的，以前叫“小学”，现在叫文字学。(在学习古文遇到生僻字时也可以尝试利用网络资源查阅《说文解字》中该字的源流变化来辅助理解。另外，也可以从历代学者对重要经典文本的注解中查考一些难以理解的字词句以加深印象。)从前学问限于经典，所以说研究学问必须从小学入手；现在学问的范围是广了，但要研究古典、古史、古文化，也还得从文字学入手。《说文解字》是文字学的古典，又是一切古典的工具或门径。(“一切古典的工具或门径”强调了《说文解字》在学术研究中的重要意义。这也是本篇位于全书之首的缘由。)

《说文序》提起出土的古器物，说是书里也搜罗了古器物铭的文字，便是“古文”的一部分，但是汉代出土的古器物很少；而拓墨的法子到南北朝才有，当时也不会有拓本，那些铭文，许慎能见到的怕是更少。所以他的书里还只有秦篆和一些晚周民间书，再古的可以说是没有。到了宋代，古器物出土得多了，拓本也流行了，那时有了好些金石、图录考释的书。“金”是铜器，铜器的铭文称为金文。铜器里钟鼎最是重器，所以也称为钟鼎文。这些铭文都是记事的。而宋以来发现的铜器大都是周代所作，所以金文多是两周的文字。清代古器物出土得更多，而光绪二十五年（西元1899）河南安阳发现了商代的甲骨，尤其是划时代的。（甲骨文的发现背后也有一段有趣的故事。晚清金石家王懿荣在治病时偶然发现了龟甲兽骨上的刻痕，鉴定为比金文更古老的文字。现在我们也可以去安阳殷墟的博物馆欣赏学习古老的甲骨文，当然至今还有许多甲骨文没有被破译成功，有待来者。）甲是龟的腹甲，骨是牛胛骨。商人钻灼甲骨，以卜吉凶，卜完了就在上面刻字记录。这称为甲骨文，又称为卜辞，是盘庚（约西元前1300）以后的商代文字。这大概是最古的文字了。甲骨文、金文，以及《说文》里所谓“古文”，还有籀文，现在统统算作古文字，这些大部分是文字统一以前的官书。甲骨文是“契”的，金文是“铸”的。铸是先在模子上刻字，再倒铜。（《墨子·兼爱》中曾提到文字的几种典型的存在形态“书于竹帛，镂于金石，琢于盘盂，传遗后世子孙者知之”。不同形式的文字会有不同的传播特点，当我们接近历史时，除了关注历史文本的内容之外也需要注意它的存在形式。当我们参观博物馆中的文物时，或许会注意到有时不同的书写媒介会使得历史记忆在筛选和沉淀时形成不同的面貌特征。）古代书写文字的方法，除“契”和“铸”外，还有“书”和“印”，因用的材料而异。“书”用笔，竹木简以及帛和纸上用“书”。“印”是在模子上刻字，印在陶器或封泥上①。古代用竹木简最多，战国才有帛，纸是汉代才有的。笔出现于商代，却只用竹木削成。竹木简、帛、纸，都容易坏，汉以前的，已经荡然无存了。

造字和用字有六个条例，称为“六书”。（关注这六种造字的条例，可以从源头解读汉字形成的奥秘。在阅读造字条例时，除了作者举出的例子之外可以再举出其他的例子加深理解。）“六书”这个总名初见于《周礼》，但六书的各个的名字到汉人的书里才见。一是“象形”，象物形的大概，如“日”“月”等字。二是“指事”，用抽象

① 古代简牍用泥封口，在泥上盖印。

的符号，指示那无形的事类，如“二”（上）“二”（下）两个字，短画和长画都是抽象的符号，各代表着一个物类。“二”指示甲物在乙物之上，“二”指示甲物在乙物之下。这“上”和“下”两种关系便是无形的事类。又如“刃”字，在“刀”形上加一点，指示刃之所在，也是的。三是“会意”，会合两个或两个以上的字为一个字，这一个字的意义是那几个字的意义积成的，如“止”“戈”为“武”，“人”“言”为“信”等。四是“形声”，也是两个字合成一个字，但一个字是形，一个字是声；形是意符，声是音标。如“江”“河”两字，“氵”（水）是形，“工”“可”是声。但声也有兼义的。如“浅”“钱”“贱”三字，“水”“金”“贝”是形，同以“戋”为声；但水小为“浅”，金小为“钱”，贝小为“贱”，三字共有的这个“小”的意义，正是从“戋”字来的。象形、指事、会意、形声，都是造字的条例；形声最便，用处最大，所以我们的形声字最多。

五是“转注”，就是互训。两个字或两个以上的字，意义全部相同或一部相同，可以互相解释的，便是转注字，也可以叫作同义字。如“考”“老”等字，又如“初”“哉”“首”“基”等字；前者同形同部，后者不同形不同部，却都可以“转注”。同义字的孳生，大概是各地方言不同和古今语言演变的缘故。六是“假借”，语言里有许多有音无形的字，借了别的同音的字，当作那个意义用。如代名词“予”“汝”“彼”等，形况字“犹豫”“孟浪”“关关”“突如”等，虚助字“於”“以”“与”“而”“则”“然”“也”“乎”“哉”等，都是假借字。又如“令”，本义是“发号”，借为县令的“令”；“长”本义是“久远”，借为县长的“长”。“县令”“县长”是“令”“长”的引申义。假借本因有音无字，但以后本来有字的也借用别的字。所以我们现在所用的字，本义的少，引申义的多，一字数义，便是这样来的。这可见假借的用处也很广大。但一字借成数义，颇不容易分别。晋以来通行了四声，这才将同一字分读几个音，让意义分得开些。

（音调的流变本身也是一段复杂有趣的历史。如果有同学会说方言，可以将同一字的不同读音放在一起对比。有些地区的方言读音还保留了一些古音，我们可以在朗读古诗古文时尝试进行对比研究。）如“长远”的“长”平声，“县长”的“长”读上声之类。这样，一个字便变成几个字了。转注、假借都是用字的条例。

象形字本于图画。初民常以画记名，以画记事，这便是象形的源头。但文字本于语言，语言发于声音，以某声命物，某声便是那物的名字。这是“名”；“名”该只指声音而言。画出那物形的大概，是象形字。“文字”与“字”都是通称；分析地说，象形的字该叫作“文”，“文”是“错画”的意思[①]。“文”本于“名”，如先有“日”名，才会有“日”这个“文”；“名”就是“文”的声音。但物类无穷，不能一一造“文”，便只得用假借字。假借字以声为主，也可以叫作“名”。一字借为数字，后世用四声分别，古代却用偏旁分别，这便是形声字。如“𠀠”本象箕形，是“文”，它的“名”是“丌”。而日期的“期”，旗帜的“旗”，麒麟的“麒”等，在语言中与“𠀠”同声，却无专字，便都借用“𠀠”字。后来才加“月”为“期”，加“㫃”为“旗”，加“鹿”为“麒”，一个字变成了几个字。严格地说，形声字才该叫作“字”，“字”是“孳乳而渐多”的意思[②]。象形有抽象作用，如一画可以代表任何一物，“𠄞”（上）、“𠄟”（下）、“一”、“二”、“三”其实都可以说是象形。象形又有指示作用，如“刀”字上加一点，表明刃在那里。这样，旧时所谓指事字其实都可以归入象形字。象形还有会合作用，会合两个或两个以上的分子，表示一个意义；那么，旧时所谓会意字其实也可以归入象形字。但会合成功的不是“文”，也该是“字”。象形字、假借字、形声字，是文字发展的逻辑的程序，但甲骨文里三种字都已经有了。这里所说的程

① 《说文·文部》。

② 《说文序》。

序，是近人新说，和“六书说”颇有出入。六书说原有些不完备、不清楚的地方，新说加以补充修正，似乎更可信些。

秦以后只是书体演变的时代。演变的主因是应用，演变的方向是简易。（这里介绍字体变迁。我们可以查阅一些历代书法家留下的碑帖来加深对字体演变的理解，比如具有“蚕头燕尾”特征的隶书字帖《曹全碑》，再比如著名的颜筋柳骨，即颜真卿和柳公权的楷书，以及天下第一行书《兰亭集序》，等等。）始皇用小篆统一了文字，不久便又有了“隶书”。当时公事忙，文书多，书记虽遵用小篆，有些下行文书，却不免写得草率些。日子长了，这样写的人多了，便自然而然成了一体，称为“隶书”，因为是给徒隶等下级办公人看的。这种字体究竟和小篆差不多。到了汉末，才渐渐变了，椭圆的变为扁方的，“敛笔”变为“挑笔”。这是所谓汉隶，是隶书的标准。晋、唐之间，又称为“八分书”。汉初还有草书，从隶书变化，更为简便。这从清末以来在新疆和敦煌发现的汉、晋间的木简里最能见出。这种草书，各字分开，还带着挑笔，称为“章草”。魏、晋之际，又嫌挑笔费事，改为敛笔，字字连书，以一行或一节为单位。这称为“今草”。隶书方整，去了挑笔，又变为“正书”。这起于魏代。晋、唐之间，却称为“隶书”，而称汉隶为“八分书”。晋代也称为“楷书”。宋代又改称为“真书”。正书本也是扁方的，到陈、隋的时候，渐渐变方了。到了唐代，又渐渐变长了。这是为了好看。正书简化，便成“行书”，起于晋代。大概正书不免于拘，草书不免于放，行书介乎两者之间，最为适用。但现在还通用着正书，而辅以行、草。一方面却提倡民间的“简笔字”，将正书、行书再行简化；这也还是求应用便利的缘故。（现在大陆所使用的简体字和过去的繁体字相比，虽然简化了笔画，方便了书写，但是过去很多近音异义的字原本以不同的字形加以区分，在简体字中有时全部简化为同一个字。比如“发”字，在繁体字中头发的“髮”和出发的“發”是不同的；再比如“后”字，表示后面的“後”和皇后的“后”也不同。我们在阅读古书时可以加以注意和区分。）

参考资料

《说文解字叙》。容庚:《中国文字学》。陈梦家:《中国文字学》稿本。

《周易》第二

在人家门头上，在小孩的帽饰上，我们常见到八卦那种东西。（从生活中常见事物上的“八卦”说起，引起阅读兴趣。）八卦是圣物，放在门头上，放在帽饰里，是可以辟邪的。辟邪还只是它的小神通，它的大神通在能够因往知来，预言吉凶。算命的，看相的，卜课的，都用得着它。他们普通只用五行生克的道理就够了，但要详细推算，就得用阴阳和八卦的道理。八卦及阴阳五行和我们非常熟习，这些道理直到现在还是我们大部分人的信仰，我们大部分人的日常生活不知不觉之中教这些道理支配着。（现在在大城市中，有些过去的风俗被斥为“迷信”而加以驱逐。我们可以以辩证的态度来看待，比如农业文明时代看待天地自然的运作规律和工业文明时代是不同的。）行人不至，谋事未成，财运欠通，婚姻待决，子息不旺，乃至种种疾病疑难，许多人都会去求签问卜，算命看相，可见影响之大。讲五行的经典，现在有《尚书·洪范》，讲八卦的便是《周易》。（从人们熟悉的“算命”“八卦”入手，开启对《周易》的介绍。）

八卦相传是伏羲氏画的。另一个传说却说不是他自出心裁画的。那时候有匹龙马从黄河里出来，背着一幅图，上面便是八卦，伏羲只照着描下来罢了。但这因为伏羲是圣人，那时代是圣世，天才派了龙马赐给他这件圣物。所谓“河图”，便是这个。那讲五行的《洪范》，据说也是大禹治水时在洛水中从一只神龟背上得着的，也出于天赐。所谓“洛书”，便是那个。但这些神怪的故事，显然是八卦和五行的宣传家造出来抬高这两种学说的地位的。（传说产生的原因，是借圣人抬高自己的地位。）伏羲氏恐怕压根儿就没有这个人，他只是秦、汉间儒家假托的圣王。至于八卦，大概是有了筮法以后才有的。（“八卦”的来源。）商民族是用龟的腹甲或牛的胛骨卜吉凶，他们先在甲骨上钻一下，再用火灼；甲骨经火，有裂痕，便是兆象，卜官细看兆象，断定吉凶；然后便将卜的人、卜的日子、卜的问句等用刀笔刻在甲骨上，这便是卜辞。卜辞里并没有阴阳的观念，也没有八卦的痕迹。

卜法用牛骨最多，用龟甲是很少的。商代农业刚起头，游猎和畜牧还是主要的生活方式，那时牛骨头不缺少。到了周代，渐渐脱离游牧时代，进到农业社会了，牛骨头便没有那么容易得了。这时候却有了筮法，作为卜法的辅助。筮法只用些蓍草，那是不难得的。蓍草是一种长寿草，古人觉得这草和老年人一样，阅历多了，知道的也就多了，所以用它来占吉凶。筮的时候用它的秆子，方法已不能详知，大概是数的。取一把蓍草，数一下看是什么数目，看是奇数还是偶数，也许这便可以断定吉凶。古代人看见数目整齐而又有变化，认为是神秘的东西。数目的连续、循环以及奇偶，都引起人们的惊奇。那时候相信数目是有魔力的，所以巫术里用得着它——我们一般人直到现在，还嫌恶奇数，喜欢偶数，该是那些巫术的遗迹。那时候又相信数目是有道理的，所以哲学里用得着它。我们现在还说，凡事都有定数，这就是前定的意思；（我们常说“一饮一啄，莫非前定。兰因絮果，必有来因”，在尽人事之后只能听天命，在人力无法决定时，人们自然会求助于一些信仰来抚慰心灵，古今中外或许概莫能外。）这是很古的信仰了。人生有数，世界也有数，数是算好了的一笔账；用现在的话说，便是机械的。数又是宇宙的架子，如说太极生两仪，两仪生四象[①]，就是一生二、二生四的意思。筮法可以说是一种巫术，是靠了数目来判断吉凶的。

八卦的基础便是一、二、三的数目。整画“⚊”是一；断画“⚋”是二；三画叠而成卦是☰。这样配出八个卦，便是☰☱☲☳☴☵☶☷；乾、兑、离、震、艮、坎、巽、坤，（八卦还相配不同的自然意象。乾代表天，坤代表地，巽代表风，震代表雷，坎代表水，离代表火，艮代表山，兑代表泽。我们可以通过《封神演义》中的不同神怪来了解一些相应的知识。后文中作者亦有说明。）是这些卦的名字。那整画、断画的排列，也许是在排列着蓍草时触悟出来的。八卦到底太简单了，后来便将这些卦重起来，两卦重作一个，按照算学里错列与组合的必然，成了六十四卦，就是《周易》里的卦数。（《周易》卦数的来源。）蓍草的应用，也许起于民间；但八卦的创制，六十四卦的推演，巫与卜官大约是重要的角色。古代巫与卜官同时也就是史官，一切的记载，一切的档案，都掌管在他们手里。他们是当时知识的权威，参加创卦和重卦的工作是可能的。筮法比卜法简便得多，但起初人们并不十分信任它。直到春秋时候，还有“筮短龟长”的话[②]。那些时代，大概小事才用筮，大事还得用卜的。

筮法袭用卜法的地方不少。卜法里的兆象，据说有一百二十体，每一体都有十条断定吉凶的“颂”辞[③]。这些是现成的辞。但兆象是自然地灼出来的，有时不能凑合到那一百二十体里去，便得另造新辞。筮法里的六十四卦，就相当于一百二十体的兆象。那断定吉凶的辞，原叫作繇辞，“繇”是抽出来的意思。《周易》里一卦有六画，每画叫作一爻——六爻的次序是由下向上数的。繇辞

① 二语见《易·系辞》。太极是混沌的元气，两仪是天地，四象是日月星辰。

② 《左传·僖公四年》。

③ 《周礼·春官·太卜》。

有属于卦的总体的，有属于各爻的；所以后来分称为卦辞和爻辞。这种卦、爻辞也是卜筮官的占筮记录，但和甲骨卜辞的性质不一样。

从卦、爻辞里的历史故事和风俗制度看，我们知道这些是西周初叶的记录，记录里好些是不连贯的，大概是几次筮辞并列在一起的缘故。那时卜筮官将这些卦、爻辞按着卦、爻的顺序编辑起来，便成了《周易》这部书。（这里讲解了《周易》如何形成。）“易”是“简易”的意思，是说筮法比卜法简易的意思。本来呢，卦数既然是一定的，每卦每爻的辞又是一定的，检查起来，引申推论起来，自然就“简易”了。不过这只在当时的卜筮官如此。他们熟习当时的背景，卦、爻辞虽“简”，他们却觉得“易”。到了后世就不然了，筮法久已失传，有些卦、爻辞简直就看不懂了。《周易》原只是当时一部切用的筮书。（《周易》的本质。）

《周易》现在已经变成了儒家经典的第一部，（《周易》的重要价值。）但早期的儒家还没有注意这部书。孔子是不讲怪、力、乱、神（“子不语怪力乱神”，但孔子也“敬鬼神而远之”。固然应当反对神神叨叨的迷信，但也不宜完全不了解这些传统文化。）的。《论语》里虽有“五十以学《易》，可以无大过矣”的话，但另一个本子作“五十以学，亦可以无大过矣”①；所以这句话是很可疑的。孔子只教学生读《诗》《书》和《春秋》，确没有教读《周易》。《孟子》称引《诗》《书》，也没说到《周易》。《周易》变成儒家的经典，是在战国末期。那时候阴阳家的学说盛行，儒家大约受了他们的影响，才研究起这部书来。那时候道家的学说也盛行，也从另一面影响了儒家。儒家就在这两家学说的影响之下，给《周易》的卦、爻辞作了种种新解释。这些新解释并非在忠实地确切地解释卦、爻辞，其实倒是借着卦、爻辞发挥他们的哲学。这种新解释存下来的，便是所谓的《易传》。（儒家

① 《古论语》作“易”，《鲁论语》作“亦”。

借着卦、爻辞发挥儒家伦理思想和政治哲学。）

《易传》中间较有系统的是彖辞和象辞。彖辞断定一卦的涵义——“彖”就是“断”的意思。象辞推演卦和爻的象，这个“象”字相当于现在所谓“观念”。这个字后来成为解释《周易》的专门名词。但彖辞断定的涵义，象辞推演的观念，其实不是真正从卦、爻里探究出来的；那些只是作传的人附会在卦、爻上面的。这里面包含着多量的儒家伦理思想和政治哲学；（我们可以尝试阅读一部分。比如最常用的“天行健，君子以自强不息；地势坤，君子以厚德载物”一句就出自《易经》的开篇。）彖辞的话更有许多和《论语》相近的。但说到“天”的时候，不当作有人格的上帝，而只当作自然的道，却是道家的色彩了。这两种传似乎是编纂起来的，并非一人所作。此外有《文言》和《系辞》。《文言》解释乾坤两卦;《系辞》发挥宇宙观、人生观，偶然也有分别解释卦、爻的话。这些似乎都是抱残守缺，汇集众说而成。到了汉代，又新发现了《说卦》《序卦》《杂卦》三种传。《说卦》推演卦象，说明某卦的观念象征着自然界和人世间的某些事物，譬如乾卦象征着天，又象征着父之类。《序卦》说明六十四卦排列先后的道理。《杂卦》比较各卦意义的同异之处。这三种传据说是河内一个女子在什么地方找着的，后来称为《逸易》；其实也许就是汉代人作的。

八卦原只是数目的巫术，这时候却变成数目的哲学了。（从巫术到哲学的发展过程。）那整画“⚊”是奇数，代表天，那断画“⚋”是偶数，代表地。奇数是阳数，偶数是阴数，阴阳的观念是从男女来的。有天地，不能没有万物，正和有男女就有子息一样，所以三画才能成一卦。卦是表示阴阳变化的，《周易》的“易”，也便是变化的意思。为什么要八个卦呢？这原是算学里错列与组合的必然，但这时候却想着是万象的分类。乾是天，是父等；坤是地，是母等；震是雷，是长子等；巽是风，是长女等；坎是水，是心病等；离是火，是中女等；艮是山，是太监等；兑是泽，是少女等。这样，八卦便象征着也支配着整个的大自然、整个的人间世了。八卦重为六十四卦，卦是复合的，卦象也是复合的，作用便更复杂、更具体了。据说伏羲、神农、黄帝、尧、舜一班圣人看了六十四卦的象，悟出了种种道理，这才制造了器物，建立了制度、耒耜以及文字等等东西，（《周易》本身也满足了身处工业时代前的人们对世界和万物起源的好奇。）“日中为市”等等制度，都是他们从六十四卦推演出来的。

这个观象制器的故事，见于《系辞》。《系辞》是最重要的一部《易传》。这传里借着八卦和卦、爻辞发挥着地融合儒、道的哲学，和观象制器的故事，都大大地增加了《周易》的价值，抬高了它的地位。《周易》的地位抬高了，关于它的传说也就多了。《系辞》里只说伏羲作八卦；后来的传说却将重卦的，作卦、爻辞的，作《易传》的人，都补出来了。但这些传说都比较晚，所以有些参差，不尽能像“伏羲画卦说”那样成为定论。重卦的人，有说是伏羲的，有说是神农的，有说是文王的。卦、爻辞有说全是文王作的，有说爻辞是周公作的；有说全是孔子作的。《易传》却都说是孔子作的。这些都是圣人。《周易》的经传都出于圣人之手，所以和儒家所谓道统，关系特别深切；这成了他们一部传道的书。所以到了汉代，便已跳到“六经”之首了①。但另一面，阴阳八卦与五行结合起来，三位一体地演变出后来医卜、星相种种迷信，种种花样，支配着一般民众，势力也非常雄厚。这里面儒家的影响却很少了，大部分还是《周易》原来的卜筮传统的力量。儒家的《周易》是哲学化了的；民众的《周易》倒是巫术的本来面目。（儒家的《周易》与民众的《周易》不同，发挥融合儒道的哲学。）

① 《庄子·天运》篇和《天下》篇所说“六经”的次序是《诗》《书》《礼》《乐》《易》《春秋》，到了《汉书·艺文志》，便成了《易》《书》《诗》《礼》《乐》《春秋》了。

参考资料

顾颉刚:《周易卦爻辞中的故事》(《古史辨》第三册上)。李镜池:《易传探原》(同上)。余永梁:《易卦爻辞的时代及其作者》(同上)。

《尚书》第三

《尚书》是中国最古的记言的历史。（尚书的重要价值。）所谓记言，其实也是记事，不过是一种特别的方式罢了。记事比较的是间接的，记言比较的是直接的。记言大部分照说的话写下来，虽然也须略加剪裁，但是尽可以不必多费心思。记事需要化自称为他称，剪裁也难，费的心思自然要多得多。

中国的记言文是在记事文之先发展的。商代甲骨卜辞大部分是些问句，记事的话不多见。两周金文也还多以记言为主。直到战国时代，记事文才有了长足的进展。古代言文大概是合一的，说出的、写下的都可以叫作“辞”。（我们可以对比《史记》和《尚书》在剪裁事件时的不同特点。比如《牧誓》一文记述了周武王起兵灭商前的誓词，而在《史记》中亦有记录牧野之战前的段落。我们可以将其二者进行对比分析。记事文的出现使得对事件的描述更加丰富多面。记言文则更加简明扼要，在阅读古代的记言文时，我们可以学习作者是如何抓住关键语句连缀成文的。这或许可以帮助我们在写作时精简文本。）卜辞我们称为“辞”，《尚书》的大部分其实也是“辞”。我们相信这些辞都是当时的“雅言”[①]，就是当时的官话或普通话。但传到后世，这种官话或普通话却变成诘屈聱牙的古语了。

《尚书》包括虞、夏、商、周四代，大部分是号令，就是向大众宣布的话，小部分是君臣相告的话。也有记事的，可是照近人的说数，那记事的几篇，大都

① “雅言”见《论语·述而》。

是战国末年人的制作，应该分别地看。那些号令多称为“誓”或“诰”，后人便用“誓”“诰”的名字来代表这一类。平时的号令叫“诰”，有关军事的叫“誓”。君告臣的话多称为“命”；臣告君的话却似乎并无定名，偶然有称为“谟”[①]的。这些辞有的是当代史官所记，有的是后代史官追记；当代史官也许根据亲闻，后代史官便只能根据传闻了。这些辞原来似乎只是说的话，并非写出的文告；史官记录，意在存作档案，备后来查考之用。这种古代的档案，想来很多，留下来的却很少。汉代传有《书序》，来历不详，也许是周、秦间人所作。有人说，孔子删《书》为百篇，每篇有序，说明作意。这却缺乏可信的证据。孔子教学生的典籍里有《书》，倒是真的。那时代的《书》是个什么样子，已经无从知道。“书”原是记录的意思[②]；大约那所谓“书”只是指当时留存着的一些古代的档案而言；那些档案恐怕还是一件件的，并未结集成书。成书也许是在汉人手里。那时候这些档案留存着的更少了，也更古了，更稀罕了；汉人便将它们编辑起来，改称《尚书》。“尚”，“上”也；《尚书》据说就是“上古帝王的书”[③]。“书”上加一“尚”字，无疑地是表示着尊信的意味。至于《书》称为“经”，始于《荀子》[④]；不过也是到汉代才普遍罢了。

儒家所传的“五经”中，《尚书》残缺最多，因而问题也最多。秦始皇烧天下诗书及诸侯史记，并禁止民间私藏一切书。到汉惠帝时，才开了书禁；文帝接着更鼓励人民献书。书才渐渐见得着了。那时传《尚书》的只有一个济南伏

---

① 《说文·言部》：“谟，议谋也。”

② 《说文·书部》：“书，著也。”

③ 《论衡·正说》篇。

④ 《劝学》篇。

生[①]。伏生本是秦博士。始皇下诏烧诗书的时候，他将《书》藏在墙壁里。后来兵乱，他流亡在外。汉定天下，才回家；检查所藏的《书》，已失去数十篇，剩下的只二十九篇了。他就守着这一些，私自教授于齐、鲁之间。文帝知道了他的名字，想召他入朝。那时他已九十多岁，不能远行到京师去。文帝便派掌故官晁错来从他学。伏生私人的教授，加上朝廷的提倡，使《尚书》流传开去。伏生所藏的本子是用“古文”写的，还是用秦篆写的，不得而知；他的学生却只用当时的隶书抄录流布。这就是东汉以来所谓《今尚书》或《今文尚书》。汉武帝提倡儒学，立“五经”博士；宣帝时每经又都分家数立官，共立了十四博士。每一博士各有弟子员若干人。每家有所谓“师法”或“家法”，从学者必须严守。这时候经学已成利禄的途径，治经学的自然就多起来了。《尚书》也立下欧阳(和伯)、大小夏侯（夏侯胜、夏侯建）三博士，却都是伏生一派分出来的。当时去伏生已久，传经的儒者为使人尊信的缘故，竟有硬说《尚书》完整无缺的。他们说，二十九篇是取法天象的，一座北斗星加上二十八宿，不正是二十九吗[②]！这二十九篇，东汉经学大师马融、郑玄都给作过注；可是那些注现在差不多亡佚干净了。

汉景帝时，鲁恭王为了扩展自己的宫殿，去拆毁孔子的旧宅，在墙壁里得着“古文”经传数十篇，其中有《书》。这些经传都是用“古文”写的；所谓“古文”，其实只是晚周民间别体字。那时恭王肃然起敬，不敢再拆房子，并且将这些书都交还孔家的主人、孔子的后人叫孔安国的。安国加以整理，发见其中的《书》比通行本多出十六篇；这称为《古文尚书》。武帝时，安国将这部书献上去。因为语言和字体的两重困难，一时竟无人能通读那些“逸书”，所以便一直

① 裴骃《史记集解》引张晏曰：“伏生名胜，《伏氏碑》云。”

② 《论衡·正说》篇。

压在皇家图书馆里。成帝时，刘向、刘歆父子先后领校皇家藏书。刘向开始用《古文尚书》校勘今文本子，校出今文脱简及异文各若干。哀帝时，刘歆想将《左氏春秋》《毛诗》《逸礼》及《古文尚书》立博士；这些都是所谓“古文”经典。当时的“五经”博士不以为然，刘歆写了长信和他们争辩[③]。这便是后来所谓今古文之争。（《尚书》有今文古文两个版本，下文讲述“今古之争”。）

今古文之争是西汉经学一大史迹。所争的虽然只在几种经书，他们却以为关系孔子之道即古代圣帝明王之道甚大。“道”其实也是幌子，骨子里所争的还在禄位与声势；当时今古文派在这一点上是一致的。不过两派的学风确也有不同处。大致今文派继承先秦诸子的风气，“思以其道易天下”[④]，所以主张通经致用。他们解经，只重微言大义；而所谓微言大义，其实只是他们自己的历史哲学和政治哲学。古文派不重哲学而重历史，他们要负起保存和传布文献的责任；所留心的是在章句、训诂、典礼、名物之间。他们各得了孔子的一端，各有偏畸的地方。到了东汉，书籍流传渐多，民间私学日盛。私学压倒了官学，古文经学压倒了今文经学；学者也以兼通为贵，不再专主一家。但是这时候“古文”经典中《逸礼》即《礼古经》已经亡佚，《尚书》之学，也不昌盛。

东汉初，杜林曾在西州（今新疆境）得漆书《古文尚书》一卷，非常宝爱，流离兵乱中，老是随身带着。他是怕“《古文尚书》学”会绝传，所以这般珍惜。当时经师贾逵、马融、郑玄都给那一卷《古文尚书》作注，从此《古文尚书》才显于世[⑤]。原来“《古文尚书》学”直到贾逵才直正开始；从前是没有什么师说的。而杜林所得只一卷，绝不如孔壁所出的多，学者竟爱重到那般地步。大约

③ 《汉书》本传。

④ 语见章学诚《文史通义·言公》上。

⑤ 《后汉书·杨伦传》。

孔安国献的那部《古文尚书》，一直埋没在皇家图书馆里，民间也始终没有盛行，经过西汉末年的兵乱，便无声无臭地亡佚了吧。（文献典籍的历史流传常常扑朔迷离，需要学者仔细加以甄别和判断。在阅读今古文尚书的版本流变时，我们可以尝试用画图表的方式来辅助理解。）杜林的那一卷，虽经诸大师作注，却也没传到后世；这许又是三国兵乱的缘故。《古文尚书》的运气真够坏的，不但没有能够露头角，还一而再地遭到了些冒名顶替的事儿。这在西汉就有。汉成帝时，因孔安国所献的《古文尚书》无人通晓，下诏征求能够通晓的人。东莱有个张霸，不知孔壁的书还在，便根据《书序》，将伏生二十九篇分为数十，作为中段，又采《左氏传》及《书序》所说，补作首尾，共成《古文尚书百二篇》。每篇都很简短，文意又浅陋。他将这伪书献上去。成帝教用皇家图书馆藏着的孔壁《尚书》对看，满不是的。成帝便将张霸下在狱里，却还存着他的书，并且听它流传世间。后来张霸的再传弟子樊并谋反，朝廷才将那书毁废；这第一部伪《古文尚书》就从此失传了。

到了三国末年，魏国出了个王肃，是个博学而有野心的人。他伪作了《孔子家语》《孔丛子》[①]，又伪作了一部孔安国的《古文尚书》，还带着孔安国的传。他是个聪明人，伪造这部《古文尚书》孔传，是很费了心思的。他采辑群籍中所引“逸书”，以及历代嘉言，改头换面，巧为连缀，成功了这部书。他是参照汉儒的成法，先将伏生二十九篇分割为三十三篇，另增多二十五篇，共五十八篇[②]，以合于东汉儒者如桓谭、班固所记的《古文尚书》篇数。所增各篇，用力阐明儒家的“德治主义”，满纸都是仁义道德的格言。这是汉武帝罢黜百家、专崇儒学以来的正统思想，所谓大经、大法，足以取信于人。只看宋以来儒者所

① 《家语》托名孔安国，《孔丛子》托名孔鲋。

② 桓谭《新论》作五十八，《汉书·艺文志》自注作五十七。

口诵心维的"十六字心传"[①]，正是他伪作的《大禹谟》里，便见出这部伪书影响之大。其实《尚书》里的主要思想，该是"鬼治主义"，像《盘庚》等篇所表现的。"原来西周以前，君主即教主，可以为所欲为，不受什么政治道德的约束。逢到臣民不听话的时候，只要抬出上帝和先祖来，自然一切解决。"这叫作"鬼治主义"。"西周以后，因疆域的开拓，交通的便利，富力的增加，文化大开。自孔子以至荀卿、韩非，他们的政治学说都建筑在人性上面。尤其是儒家，把人性扩张得极大。他们觉得政治的良好只在诚信的感应；只要君主的道德好，臣民自然风从，用不到威力和鬼神的压迫。"这叫作"德治主义"。[②]看古代的档案，包含着"鬼治主义"思想的，自然比包含着"德治主义"思想的可信得多。（甄别不同时代的历史文献时可以借助当时的思想主流和历史语境来辅助判断。）但是王肃的时代早已是"德治主义"的时代；他的伪书所以专从这里下手。他果然成功了。只是词旨坦明，毫无诘屈聱牙之处，却不免露出了马脚。

晋武帝时候，孔安国的《古文尚书》曾立过博士[③]；这《古文尚书》大概就是王肃伪造的。王肃是武帝的外祖父，当时即使有怀疑的人，也不敢说话。可是后来经过怀帝永嘉之乱，这部伪书也散失了，知道的人很少。东晋元帝时，豫章内史梅赜发见了它，便拿来献到朝廷上去。这时候伪《古文尚书》孔传便和马、郑注的《尚书》并行起来了。大约北方的学者还是信马、郑的多，南方的学者才是信伪孔的多。等到隋统一了天下，南学压倒了北学，马、郑《尚书》，习者渐少。唐太宗时，因章句繁杂，诏令孔颖达等编撰《五经正义》；高宗永徽

① 见真德秀:《大学衍义》。所谓十六字是:"人心惟危，道心惟微，惟精惟一，允执厥中。"在伪《大禹谟》里，是舜对禹的话。

② 以上引顾颉刚:《〈盘庚〉中篇今译》(《古史辨》第二册)。

③ 《晋书·荀崧传》。

四年（西元653），颁行天下，考试必用此本。《正义》成了标准的官书，经学从此大统一。那《尚书正义》便用的伪《古文尚书》孔传。伪孔定于一尊，马、郑便更没人理睬了；日子一久，自然就残缺了，宋以来差不多就算亡了。伪《古文尚书》孔传如此这般冒名顶替了一千年，直到清初的时候。

这一千年中间，却也有怀疑伪《古文尚书》孔传的人。南宋的吴棫首先发难。他有《书裨传》十三卷[①]，可惜不传了。朱子因孔安国的"古文"字句皆完整，又平顺易读，也觉得可疑[②]。但是他们似乎都还没有去找出确切的证据。至少朱子还不免疑信参半，他还采取伪《大禹谟》里"人心""道心"的话解释"四书"，建立道统呢。元代的吴澄才断然地将伏生今文从伪古文分出；他的《尚书纂言》只注解今文，将伪古文除外。明代梅鷟著《尚书考异》，更力排伪孔，并找出了相当的证据。但是严密钩稽决疑定谳的人，还得等待清代的学者。这里该提出三个可尊敬的名字。第一是清初的阎若璩，著《古文尚书疏证》，第二是惠栋，著《古文尚书考》；两书辨析详明，证据确凿，教伪孔体无完肤，真相毕露。但将作伪的罪名加在梅赜头上，还不免未达一间。第三是清中叶的丁晏，著《尚书余论》，才将真正的罪人王肃指出。（可以看出，在进行文献研究时，学者的学识固然重要，也需要怀疑和批判的精神。）千年公案，从此可以定论。这以后等着动手的，便是搜辑汉人的伏生《尚书》说和马、郑注。这方面努力的不少，成绩也斐然可观；不过所能做到的，也只是抱残守缺的工作罢了。伏生《尚书》从千年迷雾中重露出真面目，清代诸大师的劳绩是不朽的。但二十九篇固是真本，其中也还该分别地看。照近人的意见，《周书》大都是当时史官所记，只有一二篇像是战国时人托古之作。《商

① 陈振孙：《直斋书录解题》四。

② 见《朱子语类》七十八。

书》究竟是当时史官所记，还是周史官追记，尚在然疑之间。虞、夏《书》大约多是战国末年人托古之作，只《甘誓》那一篇许是后代史官追记的。这么着，《今文尚书》里便也有了真伪之分了。

参考资料

王先谦:《尚书孔传参正序例》及卷三十六《伪孔安国序》。顾颉刚:《论今文尚书著作时代书》(《古史辨》第一册)。

《诗经》第四

诗的源头是歌谣。上古时候，没有文字，只有唱的歌谣，没有写的诗。一个人高兴的时候或悲哀的时候，常愿意将自己的心情诉说出来，给别人或自己听。日常的言语不够劲儿，便用歌唱，一唱三叹的叫别人回肠荡气。（后来的民歌也是如此。因此诗歌的源头并不是书斋中的阳春白雪，曲高和寡，而是来自田间地头的真情实感。可见诗歌本身抒情言志的功能特别值得关注。）唱叹再不够的话，便手也舞起来了，脚也蹈起来了，反正要将劲儿使到了家。碰到节日，大家聚在一起酬神作乐，唱歌的机会更多。或一唱众和，或彼此竞胜。传说葛天氏的乐八章，三个人唱，拿着牛尾，踏着脚①，似乎就是描写这种光景的。歌谣越唱越多，虽没有书，却存在人的记忆里。有了现成的歌儿，就可借他人酒杯，浇自己块垒；随时拣一支合适的唱唱，也足可消愁解闷。若没有完全合适的，尽可删一些、改一些，到称意为止。流行的歌谣中往往不同的词句并行不悖，就是为此。可也有经过众人修饰，成为定本的。歌谣真可说是“一人的机锋，多人的智慧”②了。

歌谣可分为徒歌和乐歌。徒歌是随口唱，乐歌是随着乐器唱。徒歌也有节奏，手舞脚蹈便是帮助节奏的；可是乐歌的节奏更规律化些。乐器在中国似乎早

① 《吕氏春秋·古乐》篇。

② 英美吉特生:《英国民歌论说》。译文据周作人《自己的园地·歌谣》章。

就有了,《礼记》里说的土鼓土槌儿、芦管儿[①]，也许是我们乐器的老祖宗。到了《诗经》时代，有了琴瑟钟鼓，已是洋洋大观了。歌谣的节奏，最主要的靠重叠或叫复沓；本来歌谣以表情为主，只要翻来覆去将情表到了家就成，用不着费话。重叠可以说原是歌谣的生命，节奏也便建立在这上头。（重章复沓，一咏三叹，是《诗经》中许多诗歌具有的特色。比如《蒹葭》三章回环往复，表现了追寻者内心情感的微妙变化，从满含希望的热切追寻到求而不得的淡淡落寞。清代方润玉说："三章只一意，特换韵耳。其实首章已成绝唱。古人作诗，多一意化为三叠，所谓一唱三叹，佳者多有余音。"余秋雨在《中国文脉》中也说："那些叠章反复，让人立即想到，这不仅仅是文学，还是音乐，还是舞蹈。一切动作感涨满其间，却又毫不鲁莽，优雅地引发乡间村乐，咏之于江边白露，舞之于月下乔木。终于由时间定格，凝为经典。"）字数的均齐，韵脚的调协，似乎是后来发展出来的。有了这些，重叠才在诗歌里失去主要的地位。

有了文字以后，才有人将那些歌谣记录下来，便是最初的写的诗了。但记录的人似乎并不是因为欣赏的缘故，更不是因为研究的缘故。他们大概是些乐工，乐工的职务是奏乐和唱歌；唱歌得有词儿，一面是口头传授，一面也就有了唱本儿。歌谣便是这么写下来的。我们知道春秋时的乐工就和后世阔人家的戏班子一样，老板叫作太师。那时各国都养着一班乐工，各国使臣来往，宴会时都得奏乐唱歌。太师们不但得搜集本国乐歌，还得搜集别国乐歌。不但搜集乐词，还得搜集乐谱。那时的社会有贵族与平民两级。太师们是伺候贵族的，所搜集的歌儿自然得合贵族们的口味；平民的作品是不会入选的。他们搜得的歌谣，有些是乐歌，有些是徒歌。徒歌得合乐才好用。合乐的时候，往往得增加重叠的字句或章节，便不能保存歌词的原来样子。除了这种搜集的歌谣以外，

① "土鼓""蒉桴"见《礼运》和《明堂位》，"苇籥"见《明堂位》。

太师们所保存的还有贵族们为了特种事情，如祭祖、宴客、房屋落成、出兵、打猎等等作的诗。这些可以说是典礼的诗。又有讽谏、颂美等等的献诗；献诗是臣下作了献给君上，准备让乐工唱给君上听的，可以说是政治的诗。太师们保存下这些唱本儿，带着乐谱；唱词儿共有三百多篇，当时通称作“诗三百”。到了战国时代，贵族渐渐衰落，平民渐渐抬头，新乐代替了古乐，职业的乐工纷纷散走。乐谱就此亡佚，但是还有三百来篇唱词儿流传下来，便是后来的《诗经》了[①]。（《诗经》的由来：源自歌谣，得益于乐工们的搜集与保存。）

“诗言志”是一句古话；“诗”（䛐）这个字就是“言”“志”两个字合成的。但古代所谓“言志”和现在所谓“抒情”并不一样；那“志”总是关联着政治或教化的。（诗歌本身在创作时或许并无此意，但在后世学者的解读和附会之后携带了多重语义。我们可以尝试阅读一些后人整理的《诗经》注解，借之可以一窥很多短小精悍的作品在历史河流中被赋予了多少或牵强或巧妙的解读。）春秋时通行赋诗。在外交的宴会里，各国使臣往往得点一篇诗或几篇诗叫乐工唱。这很像现在的请客点戏，不同处是所点的诗句必加上政治的意味。这可以表示这国对那国或这人对那人的愿望、感谢、责难等等，都从诗篇里断章取义。断章取义是不管上下文的意义，只将一章中一两句拉出来，就当前的环境，作政治的暗示。如《左传》襄公二十七年，郑伯宴晋使赵孟于垂陇，赵孟请大家赋诗，他想看看大家的“志”。子太叔赋的是《野有蔓草》。原诗首章云：“野有蔓草，零露漙兮，有美一人，清扬婉兮。邂逅相遇，适我愿兮。”子太叔只取末两句，借以表示郑国欢迎赵孟的意思，上文他就不管。全诗原是男女私情之作，他更不管了。可是这样办正是“诗言志”；在那回宴会里，赵孟就和子太叔说了“诗以言志”这句话。

① 今《诗经》共三百十一篇，其中六篇有目无诗，实存三百零五篇。

到了孔子时代，赋诗的事已经不行了，孔子却采取了断章取义的办法，用诗来讨论做学问做人的道理。“如切如磋，如琢如磨”①，本来说的是治玉，将玉比人。他却用来教训学生做学问的功夫②。“巧笑倩兮，美目盼兮，素以为绚兮”③，本来说的是美人，所谓天生丽质。他却拉出末句来比方作画，说先有白底子，才会有画，是一步步进展的；作画还是比方，他说的是文化，人先是朴野的，后来才进展了文化——文化必须修养而得，并不是与生俱来的④。他如此解诗，所以说“思无邪”一句话可以包括“诗三百”的道理⑤；又说诗可以鼓舞人，联合人，增加阅历，发泄牢骚，事父事君的道理都在里面⑥。（“诗以言志”的解读是“诗三百”成为儒家“六经”之一的重要原因。）孔子以后，“诗三百”成为儒家的“六经”之一，《庄子》和《荀子》里都说到“诗言志”，那个“志”便指教化而言。

但春秋时列国的赋诗只是用诗，并非解诗；那时诗的主要作用还在乐歌，因乐歌而加以借用，不过是一种方便罢了。至于诗篇本来的意义，那时原很明白，用不着讨论。到了孔子时代，诗已经不常歌唱了，诗篇本来的意义，经过了多年的借用，也渐渐含糊了。他就按着借用的办法，根据他教授学生的需要，断章取义地来解释那些诗篇。后来解释《诗经》的儒生都跟着他的脚步走。（《红楼梦》中宝玉因被父亲抽查科举要考的“四书”而苦闷，认为科举应试的内容迂腐无趣，不如诗词戏曲令人心动神摇。从《诗经》被赋予各种道德政治教化的寓意时，一种清新灵动的感触可能就被逐渐掩盖了。）最有权威的毛氏《诗传》和郑玄《诗笺》差不多全是断

---

① 《卫风·淇奥》的句子。

② 《论语·学而》。

③ “巧笑倩兮，美目盼兮”，《卫风·硕人》的句子；“素以为绚兮”一句今已佚。

④ 《论语·八佾》。

⑤ “思无邪”，《鲁颂·駉》的句子；“思”是语气词，无义。

⑥ 《论语·阳货》。

章取义，甚至断句取义——断句取义是在一句、两句里拉出一个两个字来发挥，比起断章取义，真是变本加厉了。

毛氏有两个人：一个毛亨，汉时鲁国人，人称为大毛公，一个毛苌，赵国人，人称为小毛公；是大毛公创始《诗经》的注解，传给小毛公，在小毛公手里完成的。郑玄是东汉人，他是专给《毛传》作《笺》的，有时也采取别家的解说；不过别家的解说在原则上也还和毛氏一鼻孔出气，他们都是以史证诗。他们接受了孔子“无邪”的见解，又摘取了孟子的“知人论世”[①]的见解，以为用孔子的诗的哲学，别裁古代的史说，拿来证明那些诗篇是什么时代作的，为什么事作的，便是孟子所谓“以意逆志”[②]。其实孟子所谓“以意逆志”倒是说要看全篇大意，不可拘泥在字句上，与他们不同。他们这样猜出来的作诗人的志，自然不会与作诗人相合；但那种志倒是关联着政治教化而与“诗言志”一语相合的。这样的以史证诗的思想，最先具体地表现在《诗序》里。（谈及后世儒生解诗的方式是“以史证诗”，作者补充介绍了《诗序》。）

《诗序》有《大序》《小序》。《大序》好像总论，托名子夏，说不定是谁作的。《小序》每篇一条，大约是大、小毛公作的。以史证诗，似乎是《小序》的专门任务；传里虽也偶然提及，却总以训诂为主，不过所选取的字义，意在助成序说，无形中有个一定方向罢了。可是《小序》也还是泛说的多，确指的少。到了郑玄，才更详密地发展了这个条理。他按着《诗经》中的国别和篇次，系统地附合史料，编成了《诗谱》，差不多给每篇诗确定了时代；《笺》中也更多地发挥了作为各篇诗的背景的历史。以史证诗，在他手里算是集大成了。

《大序》说明诗的教化作用，这种作用似乎建立在风、雅、颂、赋、比、

① 见《孟子·万章》。

② 同上。

兴，所谓“六义”上。《大序》只解释了风、雅、颂。说风是风化（感化）、讽刺的意思，雅是正的意思，颂是形容盛德的意思。这都是按着教化作用解释的。照近人的研究，这三个字大概都从音乐得名。风是各地方的乐调，《国风》便是各国土乐的意思。（现在很多艺术家所说的采风正是去采集有特色的民间歌谣或民风民俗以捕捉灵感丰富自己的创作。）雅就是“乌”字，似乎描写这种乐的呜呜之音。雅也就是“夏”字，古代乐章叫作“夏”的很多，也许原是地名或族名。雅又分《大雅》《小雅》，大约也是乐调不同的缘故。颂就是“容”字，容就是“样子”；这种乐连歌带舞，舞就有种种样子了。风、雅、颂之外，其实还该有个“南”。南是南音或南调，《诗经》中《周南》《召南》的诗，原是相当于现在河南、湖北一带地方的歌谣。《国风》旧有十五，分出二南，还剩十三；而其中邶、鄘两国的诗，现经考定，都是卫诗，那么只有十一《国风》① 了。颂有《周颂》《鲁颂》《商颂》,《商颂》经考定实是《宋颂》。至于搜集的歌谣，大概是在二《南》、《国风》和《小雅》里。

赋、比、兴的意义，说数最多。大约这三个名字原都含有政治和教化的意味。赋本是唱诗给人听，但在《大序》里，也许是“直铺陈今之政教善恶”② 的意思。比、兴都是《大序》所谓“主文而谲谏”；不直陈而用譬喻叫“主文”，委婉讽刺叫“谲谏”。说的人无罪，听的人却可警诫自己。《诗经》里许多譬喻就在比、兴的看法下，断章断句地硬派作政教的意义了。比、兴都是政教的譬喻，但在诗篇发端的叫作兴。（比如《关雎》中的开篇，“关关雎鸠，在河之洲”正是运用了先言他物以引起所咏之词的“兴”的手法。在《诗经》中经常可以发现作者使用自然风物来引起后文的情志。）《毛传》只在有兴的地方标出，不标赋、比；想来赋义是

① 卫、王、郑、齐、魏、唐、秦、陈、桧、曹、豳。

② 《周礼·大师》郑玄注。

易见的，比、兴虽都是曲折成义，但兴在发端，往往关系全诗，比较更重要些，所以便特别标出了。《毛传》标出的兴诗，共一百十六篇，《国风》中最多，《小雅》第二；按现在说，这两部分搜集的歌谣多，所以譬喻的句子也便多了。

参考资料

顾颉刚:《〈诗经〉在春秋战国间的地位》(《古史辨》第三册下)。顾颉刚:《论〈诗经〉所录全为乐歌》(同上)。朱自清:《言志说》(《语言与文学》)。朱自清:《赋比兴说》(《清华学报》十二卷三期)。

“三礼”第五

许多人家的中堂里，供奉着“天地君亲师”的大牌位。天地代表生命的本源。（从“中堂”起笔，引发人们对“礼”的关注。）亲是祖先的意思，祖先是家族的本源。君师是政教的本源。人情不能忘本，所以供奉着这些。荀子只称这些为礼的三本[①]；大概是到了后世才宗教化了的。荀子是儒家大师。儒家所称道的礼，包括政治制度、宗教仪式、社会风俗习惯等等，却都加以合理的说明。从那“三本说”，可以知道儒家有拿礼来包罗万象的野心，他们认礼为治乱的根本；这种思想可以叫作礼治主义。

怎样叫作礼治呢？儒家说初有人的时候，各人有各人的欲望，各人都要满足自己的欲望，没有界限，没有分际，大家就争起来了。你争我争，社会就乱起来了。那时的君师们看了这种情形，就渐渐给定出礼来，让大家按着贵贱的等级、长幼的次序，各人得着自己该得的一份儿吃的、喝的、穿的、住的，各人也做着自己该做的一份儿工作。（在《乡土中国》中，费孝通先生谈论乡村中的秩序很大程度上在于每个人都是在一张网格里确定自己的位置，由近及远，由亲及疏，就像投石入水激起一层层的涟漪。这是一种非常特别的“关系”文化。虽然现在在大城市中人们日益“原子化”，但是这种礼俗文化仍有残留。）各等人有各等人的界限和分际；若是只顾自己，不管别人，任性儿贪多务得，偷懒图快活，这种人就得受严厉的制裁，

① 《礼论》篇。

有时候保不住性命。这种礼，教人节制，教人和平，建立起社会的秩序，可以说是政治制度。（“政治制度”是“礼”的社会功用之一。）

天生万物，是个很古的信仰。这个天是个能视能听的上帝，管生杀，管赏罚。在地上的代表，便是天子。天子祭天，和子孙祭祖先一样。地生万物是个事实。人都靠着地里长的活着，地里长的不够了，便闹饥荒；地的力量自然也引起了信仰。天子诸侯祭社稷，祭山川，都是这个来由。最普遍的还是祖先的信仰。直到我们的时代，这个信仰还是很有力的。按儒家说，这些信仰都是“报本返始”① 的意思。报本返始是庆幸生命的延续，追念本源，感恩怀德，勉力去报答的意思。但是这里面怕不单是怀德，还有畏威的成分。感谢和恐惧产生了种种祭典。儒家却只从感恩一面加以说明，看作礼的一部分。但这种礼教人恭敬，恭敬便是畏威的遗迹了。儒家的丧礼，最主要的如三年之丧，也建立在感恩的意味上；却因恩谊的亲疏，又定出等等差别来。这种礼，大部分可以说是宗教仪式。（宗教仪式，也是“礼”的社会功用。）

居丧一面是宗教仪式，一面是普通人事。普通人事包括一切日常生活而言。日常生活都需要秩序和规矩。居丧以外，如婚姻、宴会等大事，也各有一套程序，不能随便马虎过去；这样是表示郑重，也便是表示敬意和诚心。至于对人，事君，事父母，待兄弟、姊妹，待子女，以及夫妇、朋友之间，也都自有一番道理。按着尊卑的分际，各守各的道理，君仁臣忠，父慈子孝，兄友弟恭，夫妇朋友互相敬爱，才算能做人；人人能做人，天下便治了。（我们可以以辩证的态度思考这种礼治文化，比如它在多大程度上阻碍了社会进步，又在多大程度上维护了社会和谐？在城市化和工业化的背景下，什么样的礼节应该遵守，什么样的道德是“吃人”的道德呢？）

---

① 《礼记·郊特牲》。

就是一个人饮食言动，也都该有个规矩，别叫旁人难过，更别侵犯着旁人，反正诸事都记得着自己的分儿。这些个规矩也是礼的一部分；有些固然含着宗教意味，但大部分可以说是风俗习惯。这些风俗习惯有一些也可以说是生活的艺术。

（日常生活中的“礼”，是风俗习惯。这也是“礼”的社会功用。）

王道不外乎人情，礼是王道的一部分，按儒家说是通乎人情的[①]。既通乎人情，自然该诚而不伪了。但儒家所称道的礼，并不全是实际施行的。有许多只是他们的理想，这种就不一定通乎人情了。就按那些实际施行的说，每一个制度、仪式或规矩，固然都有它的需要和意义。但是社会情形变了，人的生活跟着变；人的喜、怒、爱、恶，虽然还是喜、怒、爱、恶，可是对象变了。那些礼的惰性却很大，并不跟着变。这就留下了许许多多遗形物，没有了需要，没有了意义；不近人情的伪礼，只会束缚人。（“礼”的惰性很大，产生了“伪礼”。）《老子》里攻击礼，说“有了礼，忠信就差了”[②]；后世有些人攻击礼，说“礼不是为我们定的”[③]；近来大家攻击礼教，说“礼教是吃人的”。这都是指着那些个伪礼说的。

（那么应该如何区别虚伪的道德礼教呢？是不是每个时代都会适应不同的道德化呢？）

从来礼乐并称，但乐实在是礼的一部分；乐附属于礼，用来补助仪文的不足。（由“礼”言及“乐”，谈“礼”“乐”的辩证关系。）乐包括歌和舞，是“人情之所必不免”的[④]。不但是“人情之所必不免”，而且乐声的绵延和融和也象征着天地万物的“流而不息，合同而化”[⑤]。这便是乐本。乐教人平心静气，互相和爱，教

---

① 《礼记·乐记》。

② 《老子》三十八章。

③ 阮籍语，原文见《世说新语·任诞》。

④ 《荀子·乐论》篇，《礼记·乐记》。

⑤ 《礼记·乐记》。

人联合起来，成为一整个儿。人人能够平心静气，互相和爱，自然没有贪欲、捣乱、欺诈等事，天下就治了。乐有改善人心、移风易俗的功用，所以与政治是相通的。（音乐所表达的心灵感受往往能体现出特定时代人们的精神或心理状态。有的乐声哀婉缠绵，有的则激昂澎湃，它们往往都表现出了不同的时代特征。）按儒家说，礼、乐、刑、政，到头来只是一个道理；这四件都顺理成章了，便是王道。这四件是互为因果的。礼坏乐崩，政治一定不成；所以审乐可以知政[①]。“治世之音安以乐，其政和；乱世之音怨以怒，其政乖；亡国之音哀以思，其民困。”[②]吴公子季札到鲁国观乐，乐工奏哪一国的乐，他就知道是哪一国的；他是从乐歌里所表现的政治气象而知道的[③]。歌词就是诗；诗与礼乐也是分不开的。孔子教学生要“兴于诗，立于礼，成于乐”[④]；那时要养成一个人才，必须学习这些。这些诗、礼、乐，在那时代都是贵族社会所专有，与平民是无干的。到了战国，新声兴起，古乐衰废，听者只求悦耳，就无所谓这一套乐意。汉以来胡乐大行，那就更说不到了。

古代似乎没有关于乐的经典；只有《礼记》里的《乐记》，是抄录儒家的《公孙尼子》等书而成，原本已经是战国时代的东西了。关于礼，汉代学者所传习的有三种经和无数的“记”。那三种经是《仪礼》《礼古经》《周礼》。（本文题目为“三礼”的原因所在。）《礼古经》已亡佚，《仪礼》和《周礼》相传都是周公作的。但据近来的研究，这两部书实在是战国时代的产物。《仪礼》大约是当时实施的礼制，但多半只是士的礼。那些礼是很繁琐的，踵事增华的多，表示诚意的少，已经不全是通乎人情的了。《仪礼》可以说是宗教仪式和风俗习惯的混合物；《周

① 《礼记·乐记》。

② 同上。

③ 《左传·襄公二十九年》。

④ 《论语·泰伯》。

礼》却是一套理想的政治制度。那些制度的背景可以看出是战国时代；但组成了整齐的系统，便是著书人的理想了。

“记”是儒家杂述礼制、礼制变迁的历史，或礼论之作；所述的礼制有实施的，也有理想的。又叫作《礼记》，这《礼记》是一个广泛的名称。这些“记”里包含着《礼古经》的一部分。汉代所见的“记”很多，但流传到现在的只有三十八篇《大戴记》和四十九篇《小戴记》。后世所称《礼记》，多半专指《小戴记》说。大戴是戴德；小戴是戴圣，戴德的侄儿。相传他们是这两部书的编辑人。但二戴都是西汉的《仪礼》专家。汉代有“五经”博士；凡是一家一派的经学影响大的，都可以立博士。大戴《仪礼》学后来立了博士，小戴本人就是博士。汉代经师的家法最严，一家的学说里绝不能掺杂别家。但现存的两部“记”里都各掺杂着非二戴的学说。所以有人说这两部书是别人假托二戴的名字纂辑的；至少是二戴原书多半亡佚，由别人拉杂凑成的——可是成书也还在汉代。这两部书里，《小戴记》容易些，后世诵习的人比较多些；所以差不多专占了《礼记》的名字。

参考资料

洪业：《礼记引得序》《仪礼引得序》。

"春秋三传"第六（《国语》附）

"春秋"是古代记事史书的通称。古代朝廷大事，多在春、秋二季举行，所以记事的书用这个名字。（"春秋"是古代记事史书通称的原因。）各国有各国的"春秋"，但是后世不传了。传下的只有一部鲁《春秋》，《春秋》成了它的专名，便是《春秋经》了。传说这部《春秋》是孔子作的，至少是他编。鲁哀公十四年，鲁西有猎户打着一只从没有见过的独角怪兽，想着定是个不祥的东西，将它扔了。（作者讲解鲁西猎户射麒麟的故事，语言生动，画面感强。）这个新闻传到了孔子那里，他便去看。他一看，就说："这是麟啊。为谁来的呢！干什么来的呢！唉唉！我的道不行了！"说着流下泪来，赶忙将袖子去擦，泪点儿却已滴到衣襟上。原来麟是个仁兽，是个祥瑞的东西；圣帝、明王在位，天下太平，它才会来，不然是不会来的。可是那时代哪有圣帝明王？天下正乱纷纷的，麟来得真不是时候，所以让猎户打死；它算是倒了运了。

孔子这时已经年老，也常常觉着生得不是时候，不能行道；他为周朝伤心，也为自己伤心。看了这只死麟，一面同情它，一面也引起自己的无限感慨。他觉着生平说了许多教，当世的人君总不信他，可见空话不能打动人。他发愿修一部《春秋》，要让人从具体的事例里，得到善恶的教训，他相信这样得来的教训，比抽象的议论深切著明得多。（猎户射麟促使孔子发愿修《春秋》。）他觉得修成了这部《春秋》，虽然不能行道，也算不白活一辈子。这便动起手来，九个月书就成功了。书起于鲁隐公，终于获麟；因获麟有感而作，所以叙到获麟绝笔，是纪念的意思。（司马迁的《报任安书》中有一句很有名的话，是“仲尼厄而作春秋”。李白有一句诗是“希圣如有立，绝笔于获麟”。李白的意思是想如同修《春秋》的孔子一样在诗文上有所建树，一扫颓靡的风气，开创一代昂扬劲健的新诗风。）但是《左传》里所载的《春秋经》，获麟后还有，而且在记了“孔子卒”的哀公十六年后还有，据说那都是他的弟子们续修的了。

这个故事虽然够感伤的，但我们从种种方面知道，它却不是真的。（作者在梳理文献的过程中不断推理和辨析。）《春秋》只是鲁国史官的旧文，孔子不曾掺进手去。《春秋》可是一部信史，里面所记的鲁国日食，有三十次和西方科学家所推算的相合，这绝不是偶然的。不过书中残缺、零乱和后人增改的地方，都很不少。书起于隐公元年，到哀公十四年止，共二百四十二年（西元前 722—前 481）；后世称这二百四十二年为春秋时代。书中纪事按年月日，这叫作编年。编年在史学上是个大发明；这教历史系统化，并增加了它的确实性。《春秋》是我国现存的第一部编年史。书中虽用鲁国纪元，所记的却是各国的事，所以也是我们第一部通史。（《春秋》的重要价值——我国第一部编年史、第一部通史。）所记的齐桓公、晋文公的霸迹最多；后来说“尊王攘夷”是《春秋》大义，便是从这里着眼。

古代史官记事，有两种目的：一是征实，二是劝惩。（和《诗经》一样，史书也承担起了道德教化的功用。所谓一字含褒贬的微言大义正是如此。）像晋国董狐不怕权势，记“赵盾弑其君”[①]，齐国太史记“崔杼弑其君”[②]，虽杀身不悔，都为的是征实和惩恶，作后世的鉴戒。但是史文简略，劝惩的意思有时不容易看出来，因此便需要解说的人。《国语》记楚国申叔时论教太子的科目，有“春秋”一项，说“春

① 《左传·宣公二年》。

② 《左传·襄公二十五年》。

秋”有奖善惩恶的作用，可以诫劝太子的心。孔子是第一个开门授徒，拿经典教给平民的人，鲁《春秋》也该是他的一种科目。关于劝惩的所在，他大约有许多口义传给弟子们。他死后，弟子们散在四方，就所能记忆的又教授开去。《左传》《公羊传》《穀梁传》，所谓“春秋三传”里，所引孔子解释和评论的话，大概就是指的这一些。（本篇题目为《“春秋三传”第六》，从《春秋》讲到了“春秋三传”。）

“三传”特别注重《春秋》的劝惩作用；征实与否，倒在其次。按“三传”的看法，《春秋》大义可以从两方面说：明辨是非，分别善恶，提倡德义，从成败里见教训，这是一；夸扬霸业，推尊周室，亲爱中国，排斥夷狄，实现民族大一统的理想，这是二。前者是人君的明鉴，后者是拨乱反正的程序。这都是王道。（《春秋》大义，皆是王道。）而敬天事鬼，也包括在王道里。《春秋》里记灾，表示天罚；记鬼，表示恩仇，也还是劝惩的意思。古代记事的书常夹杂着好多的迷信和理想，《春秋》也不免如此；“三传”的看法，大体上是对的。但在解释经文的时候，却往往一个字一个字地咬嚼；这一咬嚼，便不顾上下文穿凿附会起来了。《公羊》《穀梁》，尤其如此。（作者对“春秋三传”的优点与不足做出判断。）

这样咬嚼出来的意义就是所谓“书法”，所谓“褒贬”，也就是所谓“微言”。后世最看重这个。他们说孔子修《春秋》，“笔则笔，削则削”[①]，“笔”是书，“削”是不书，都有大道理在内。又说一字之褒，比教你做王公还荣耀，一字之贬，比将你做罪人杀了还耻辱。本来孟子说过，“孔子成《春秋》而乱臣贼子惧”[②]，那似乎只指概括的劝惩作用而言。等到褒贬说发展，孟子这句话倒像更坐实了。而孔子和《春秋》的权威也就更大了。后世史家推尊孔子，也推尊《春秋》，承认这种书法是天经地义；但实际上他们却并不照“三传”所咬嚼出来的那么穿凿

① 《史记·孔子世家》。

② 《孟子·滕文公》下。

附会地办，这正和后世诗人尽管推尊《毛诗传笺》里比兴的解释，实际上却不那样穿凿附会地作诗一样。“三传”，特别是《公羊传》和《穀梁传》，和《毛诗传笺》，在穿凿解经这件事上是一致的。

“三传”之中，公羊、穀梁两家全以解经为主，左氏却以叙事为主。公、穀以解经为主，所以咬嚼得更厉害些。战国末期，专门解释《春秋》的有许多家，公、穀较晚出而仅存。这两家固然有许多彼此相异之处，但渊源似乎是相同的；他们所引别家的解说也有些是一样的。这两种《春秋经传》经过秦火，多有残缺的地方；到汉景帝、武帝时候，才有经师重加整理，传授给人。公羊、穀梁只是家派的名称，仅存姓氏，名字已不可知。至于他们解经的宗旨，已见上文；《春秋》本是儒家传授的经典，解说的人，自然也离不了儒家，在这一点上，“三传”是大同小异的。

《左传》这部书，汉代传为鲁国左丘明所作。（开始聚焦对《左传》的介绍。）这个左丘明，有的说是“鲁君子”，有的说是孔子的朋友；后世又有说是鲁国的史官的[①]。这部书历来讨论得最多。汉时有“五经”博士。凡解说“五经”自成一家之学的，都可立为博士。立了博士，便是官学；那派经师便可做官受禄。当时《春秋》立了公、穀二传的博士。《左传》流传得晚些，古文派经师也给它争立博士。今文派却说这部书不得孔子《春秋》的真传，不如公、穀两家。后来虽一度立了博士，可是不久还是废了。倒是民间传习的渐多，终于大行！原来公、穀不免空谈，《左传》却是一部仅存的古代编年通史（残缺又少），用处自然大得多。《左传》以外，还有一部分国记载的《国语》，汉代也认为左丘明所作，称为《春秋外传》。后世学者怀疑这一说的很多。据近人的研究，《国语》重在

---

① 《史记·十二诸侯年表序》说是“鲁君子”，《汉书·刘歆传》说“亲见夫子”“好恶与圣人同”，杜预《春秋序》说是“身为国史”。

“语”，记事颇简略，大约出于另一著者的手，而为《左传》著者的重要史料之一。这书的说教，也不外尚德、尊天、敬神、爱民，和《左传》是很相近的。只不知著者是谁。其实《左传》著者我们也不知道。说是左丘明，但矛盾太多，不能教人相信。《左传》成书的时代大概在战国，比公、穀二传早些。

《左传》这部书大体依《春秋》而作；参考群籍，详述史事，征引孔子和别的“君子”解经评史的言论，吟味书法，自成一家言。但迷信卜筮，所记祸福的预言，几乎无不应验；这却大大违背了征实的精神，而和儒家的宗旨也不合了。（作者对《左传》的价值做出公允的分析评判。）晋范宁作《穀梁传序》说“左氏艳而富，其失也巫”；“艳”是文章美，“富”是材料多，“巫”是多叙鬼神，预言祸福。这是句公平话。（作者的判断分析。）注《左传》的，汉代就不少，但那些许多已散失；现存的只有晋杜预注，算是最古了。

杜预作《春秋序》，论到《左传》，说“其文缓，其旨远”；“缓”是委婉，“远”是含蓄。这不但是好史笔，也是好文笔。所以《左传》不但是史学的权威，也是文学的权威。（《曹刿论战》《烛之武退秦师》和《郑伯克段于鄢》等都是值得学习阅读的篇目。我们也可以仔细品读《左传》在记人记事时迂曲委婉的文笔。）《左传》的文学本领，表现在记述辞令和描写战争上。春秋列国，盟会颇繁，使臣会说话不会说话，不但关系荣辱，并且关系利害，出入很大，所以极重辞令。《左传》所记当时君臣的话，从容委曲，意味深长。只是平心静气地说，紧要关头却不放松一步，真所谓恰到好处。这固然是当时风气如此，但不经《左传》著者的润饰功夫，也绝不会那样在纸上活跃的。战争是个复杂的程序，叙得头头是道，已经不易，叙得有声有色，更难；这差不多全靠忙中有闲，透着优游不迫神儿才成。这却正是《左传》著者所擅长的。（层层烘托，赞美《左传》的叙事艺术。）

参考资料

洪业：《春秋经传引得序》。

“四书”第七

“四书”“五经”到现在还是我们口头上一句熟语。“五经”是《易》《书》《诗》《礼》《春秋》;“四书”按照普通的顺序是《大学》《中庸》《论语》《孟子》,前二者又简称《学》《庸》,后二者又简称《论》《孟》;有了简称,可见这些书是用得很熟的。本来呢,从前私塾里,学生入学,是从“四书”读起的。这是那些时代的小学教科书,而且是统一的标准的小学教科书,因为没有不用的。(“四书”的重要地位。)那时先生不讲解,只让学生背诵,不但得背正文,而且得背朱熹的小注。只要囫囵吞枣地念,囫囵吞枣地背;不懂不要紧,将来用得着,自然会懂的。怎么说将来用得着?那些时候行科举制度。科举是一种竞争的考试制度,考试的主要科目是八股文,题目都出在“四书”里,而且是朱注的“四书”里。科举分几级,考中的得着种种出身或资格,凭着这种资格可以建功立业,也可以升官发财;作好作歹,都得先弄个资格到手。科举几乎是当时读书人唯一的出路。每个学生都先读“四书”,而且读的是朱注,便是这个缘故。

将朱注“四书”定为科举用书,是从元仁宗皇庆二年(西元1313)起的。规定这四种书,自然因为这些书本身重要,有人人必读的价值;规定朱注,也因为朱注发明书义比旧注好些,切用些。这四种书原来并不在一起,《学》《庸》都在《礼记》里,《论》《孟》是单行的。这些书原来只算是诸子书,朱子原来也只称为“四子”;但《礼记》《论》《孟》在汉代都立过博士,已经都升到经里去了。后来唐代的“九经”里虽然只有《礼记》，宋代的“十三经”却又将《论》《孟》收了进去[①]。《中庸》很早就被人单独注意，汉代已有关于《中庸》的著作，六朝时也有，可惜都不传了[②]。关于《大学》的著作，却直到司马光的《大学通义》才开始，这部书也不传了。这些著作并不曾教《学》《庸》普及，教《学》《庸》和《论》《孟》同样普及的是朱子的注，“四书”也是他编在一起的，“四书”的名字也因他而有。

但最初用力提倡这几种书的是程颢、程颐兄弟。他们说：“《大学》是孔门的遗书，是初学者入德的门径。只有从这部书里，还可以知道古人做学问的程序。从《论》《孟》里虽也可看出一些，但不如这部书的分明易晓。学者必须从这部书入手，才不会走错了路。”[③]这里没提到《中庸》。可是他们是很推尊《中庸》的。他们在另一处说：“‘不偏’叫作‘中’，‘不易’叫作‘庸’；‘中’是天下的正道，‘庸’是天下的定理。（现在人们也常常用“中庸”来描述一种平和不偏激的态度。但是“中庸”本身携带的折中意味也值得警惕。）《中庸》是孔门传授心法的书，是子思记下来传给孟子的。书中所述的人生哲理，意味深长；会读书的细加玩赏，自然能心领神悟，终身受用不尽。”[④]这四种书到了朱子手里才打成一片。他接受二程的见解，加以系统的说明，四种书便贯串起来了。

他说，古来有小学大学。小学里教洒扫进退的规矩，和礼、乐、射、御、书、数，所谓“六艺”的。大学里教穷理、正心、修己、治人的道理。所教的

---

① 九经：《易》《书》《诗》，三礼，春秋三传。十三经：《易》《书》《诗》，三礼，春秋三传，《论语》《孝经》《尔雅》《孟子》。

② 《汉书·艺文志》有《中庸说》二篇，《隋书·经籍志》有戴颙《中庸传》二卷、梁武帝《中庸讲疏》一卷。

③ 原文见《大学章句》卷头。

④ 原文见《中庸章句》卷头。

都切于民生日用，都是实学。《大学》这部书便是古来大学里教学生的方法，规模大，节目详；而所谓“格物、致知、诚意、正心、修身、齐家、治国、平天下”，是循序渐进的。程子说是“初学者入德的门径”，就是为此。这部书里的道理，并不是为一时一事说的，是为天下后世说的。这是“垂世立教的大典”①，所以程子举为初学者的第一部书。《论》《孟》虽然也切实，却是“应机接物的微言”②，问的不是一个人，记的也不是一个人。浅深先后，次序既不分明，抑扬可否，用意也不一样，初学者领会较难。所以程子放在第二步。至于《中庸》，是孔门的心法，初学者领会更难，程子所以另论。

但朱子的意思，有了《大学》的提纲挈领，便能领会《论》《孟》里精微的分别去处；融贯了《论》《孟》的旨趣，也便能领会《中庸》里的心法。人有人心和道心；人心是私欲，道心是天理。人该修养道心，克制人心，这是心法。朱子的意思，不领会《中庸》里的心法，是不能从大处着眼，读天下的书，论天下的事的。他所以将《中庸》放在第三步，和《大学》《论》《孟》合为“四书”，作为初学者的基础教本。（“四书”至此集成。）后来规定“四书”为科举用书，原也根据这番意思。不过朱子教人读“四书”，为的成人，后来人读“四书”，却重在猎取功名；这是不合于他提倡的本心的。至于顺序变为《学》《庸》《论》《孟》，那是书贾因为《学》《庸》篇页不多，合为一本的缘故；通行既久，居然约定俗成了。

《礼记》里的《大学》，本是一篇东西，朱子给分成经一章、传十章；传是解释经的。因为要使传合经，他又颠倒了原文的次序，并补上一段儿。他注《中庸》时，虽没有这样大的改变，可是所分的章节，也与郑玄注的不同。所以这

① 原文见《中庸章句》卷头。

② 朱子《大学或问》卷一。

两部书的注，称为《大学章句》《中庸章句》。《论》《孟》的注，却是融合各家而成，所以称为《论语集注》《孟子集注》。《大学》的经一章，朱子想着是曾子追述孔子的话；传十章，他相信是曾子的意思，由弟子们记下的。《中庸》的著者，朱子和程子一样，都接受《史记》的记载，认为是子思[①]。但关于书名的解释，他修正了一些。他说，“中”除“不偏”外，还有“无过无不及”的意思；“庸”解作“不易”，不如解作“平常”的好[②]。照近人的研究，《大学》的思想和文字，很有和荀子相同的地方，大概是荀子学派的著作。《中庸》，首尾和中段思想不一贯，从前就有人疑心。照近来的看法，这部书的中段也许是子思原著的一部分，发扬孔子的学说，如“时中”“忠恕”“知仁勇”“五伦”等。首尾呢，怕是另一关于《中庸》的著作，经后人混合起来的；这里发扬的是孟子的天人相通的哲理，所谓“至诚”“尽性”，都是的。著者大约是一个孟子学派。

《论语》是孔子弟子们记的。这部书不但显示一个伟大的人格——孔子，并且让读者学习许多做学问做人的节目：如“君子”“仁”“忠恕”，如“时习”“阙疑”“好古”“隅反”“择善”“困学”等，都是可以终身应用的。《孟子》据说是孟子本人和弟子公孙丑、万章等共同编定的。书中说“仁”兼说“义”，分辨“义”“利”甚严；而辩“性善”，教人求“放心”，影响更大。又说到“养浩然之气”，那“至大至刚”“配义与道”的“浩然之气”[③]，这是修养的最高境界，所谓天人相通的哲理。书中攻击杨朱、墨翟两派，辞锋咄咄逼人。这在儒家叫作攻异端，功劳是很大的。孟子生在战国时代，他不免“好辩”，他自己也觉得

① 《孔子世家》。

② 《中庸或问》卷一。

③ 《公孙丑》。

的[①]；（孟子捷才善辩。我们可以从《寡人之于国也》和《生于忧患死于安乐》等名篇名句入手一窥其滔滔雄辩的特征。）他的话流露着“英气”，“有圭角”，和孔子的温润是不同的。所以儒家只称“亚圣”，次于孔子一等[②]。《孟子》有东汉的赵岐注。《论语》有孔安国、马融、郑玄诸家注，却都已残佚，只零星地见于魏何晏的《集解》里。汉儒注经，多以训诂名物为重，但《论》《孟》词意显明，所以只解释文句、推阐义理而止。魏、晋以来，玄谈大盛，孔子已经道家化；解《论语》的也多参入玄谈，参入当时的道家哲学。这些后来却都不流行了。到了朱子，给《论》《孟》作注，虽说融会各家，其实也用他自己的哲学作架子。他注《学》《庸》，更显然如此。他的哲学切于世用，所以一般人接受了，将他解释的孔子当作真的孔子。

他那一套“四书”注实在用尽了平生的力量，改定至再至三；直到临死的时候，他还在改定《大学·诚意》章的注。注以外又作了《四书或问》，发扬注义，并论述对于旧说的或取或舍的理由。他在“四书”上这样下功夫，一面固然为了诱导初学者，一面还有一个用意，便是排斥老、佛，建立道统。他在《中庸章句序》里论到诸圣道统的传承，末尾自谦说，“于道统之传，不敢妄议”；其实他是隐隐在以传道统自期呢。《中庸》传授心法，正是道统的根本。将它加在《大学》《论》《孟》之后而成“四书”，朱子自己虽然说是给初学者打基础，但一大半恐怕还是为了建立道统，不过他自己不好说出罢了。他注“四书”在宋孝宗淳熙年间（西元1174—1189）。他死后朝廷将他的“四书”注审定为官书，从此盛行起来。他果然成了传儒家道统的大师了。

---

① 《滕文公》。

② 《孟子集注序说》引程子说。

《战国策》第八

春秋末年，列国大臣的势力渐渐膨胀起来。这些大臣都是世袭的，（从生动的社会局面写起，如同带我们梦回春秋。）他们一代一代聚财养众，明争暗夺了君主的权力，建立起自己的特殊地位。等到机会成熟，便跳起来打倒君主自己干。那时候各国差不多都起了内乱。晋国让韩、魏、赵三家分了，姓姜的齐国也让姓田的大夫占了。这些，周天子只得承认了。这是封建制度崩坏的开始。那时候周室也经过了内乱，土地大半让邻国抢去，剩下的又分为东、西周；东、西周各有君王，彼此还争争吵吵的。这两位君王早已失去春秋时代“共主”的地位，而和列国诸侯相等了。后来列国纷纷称王，周室更不算回事；他们至多能和宋、鲁等小国君主等量齐观罢了。

秦、楚两国也经过内乱，可是站住了。它们本是边远的国家，却渐渐伸张势力到中原来。内乱平后，大加整顿，努力图强，声威便更广了。还有极北的燕国，向来和中原国家少来往；这时候也有力量向南参加国际政治了。秦、楚、燕和新兴的韩、魏、赵、齐，是那时代的大国，称为“七雄”。那些小国呢，从前可以仰仗霸主的保护，做大国的附庸；现在可不成了，只好让人家吞的吞，并的并，算只留下宋、鲁等两三国，给七雄当缓冲地带。封建制度既然在崩坏中，七雄便各成一单位，各自争存，各自争强；国际政局比春秋时代紧张多了。战争也比从前严重多了。列国都在自己边界上修起长城来。这时候军器进步了，从前的兵器都用铜打成，现在有用铁打成的了。战术也进步了。攻守的方法都比从前精明，从前只用兵车和步卒，现在却发展了骑兵了。这时候还有以帮人家作战为职业的人。这时候的战争，杀伤是很多的。孟子说：“争地以战，杀人盈野，争城以战，杀人盈城。”① 可见那凶惨的情形。后人因此称这时代为战国时代。（“战国时代”的得名原因。）

在长期混乱之后，贵族有的做了国君，有的渐渐衰灭。这个阶级算是随着封建制度崩坏了。那时候的国君，没有了世袭的大臣，便集权专制起来。辅助他们的是一些出身贵贱不同的士人。那时候君主和大臣都竭力招揽有技能的人，甚至学鸡鸣、学狗盗的也都收留着。（“鸡鸣狗盗之徒”是指拥有微不足道本领的人。）这是所谓“好客”“好士”的风气。其中最高的是说客，是游说之士。当时国际关系紧张，战争随时可起。战争到底是劳民伤财的，况且难得有把握；重要的还是做外交的功夫。外交办得好，只凭口舌排难解纷，可以免去战祸；就是不得不战，也可以多找一些与国、一些帮手。担负这种外交的人，便是那些策士，那些游说之士。游说之士既然这般重要，所以立谈可以取卿相；只要有计谋，会辩说就成，出身的贵贱倒是不在乎的。

七雄中的秦，从孝公用商鞅变法以后，日渐强盛。到后来成了与六国对峙的局势。这时候的游说之士，有的劝六国联合起来抗秦，有的劝六国联合起来亲秦。前一派叫“合纵”，是联合南北各国的意思，后一派叫“连横”，是联合东西各国的意思——只有秦是西方的国家。合纵派的代表是苏秦，连横派的是张仪，他们可以代表所有的战国游说之士。后世提到游说的策士，总想到这两个人，提到纵横家，也总是想到这两个人。他们都是鬼谷先生的弟子。苏秦起初也是连横

① 《离娄》。

派。他游说秦惠王，秦惠王老不理他；穷得要死，只好回家。妻子、嫂嫂、父母，都瞧不起他。他恨极了，用心读书，用心揣摩；夜里倦了要睡，用锥子扎大腿，血流到脚上。这样整一年，他想着成了，便出来游说六国合纵。这回他果然成功了，佩了六国相印，又有势又有钱。打家里过的时候，父母郊迎三十里，妻子低头，嫂嫂趴在地上谢罪。他叹道："人生世上，势位富贵，真是少不得的！"（天下熙熙，皆为利来。天下攘攘，皆为利往。炎凉世态，大多如此。）张仪和楚相喝酒。楚相丢了一块璧。手下人说张仪穷而无行，一定是他偷的，绑起来打了几百下。张仪始终不认，只好放了他。回家，他妻子说："唉，要不是读书游说，哪会受这场气！"他不理，只说："看我舌头还在吧？"妻子笑道："舌头是在的。"他说："那就成！"后来果然做了秦国的相；苏秦死后，他也大大得意了一番。

苏秦使锥子扎腿的时候，自己发狠道："哪有游说人主不能得金玉锦绣，不能取卿相之尊的道理！"这正是战国策士的心思。他们凭他们的智谋和辩才，给人家划策，办外交；谁用他们就帮谁。他们是职业的，所图的是自己的功名富贵；帮你的时候帮你，不帮你的时候也许害你。翻覆，在他们看来是没有什么的。本来呢，当时七雄分立，没有共主，没有盟主，各干各的，谁胜谁得势。国际间没有是非，爱帮谁就帮谁，反正都一样。苏秦说连横不成，就改说合纵，在策士看来，这正是当然。张仪说舌头在就行，说是说非，只要会说，这也正是职业的态度。他们自己没有理想，没有主张，只求揣摩主上的心理，拐弯儿抹角投其所好。（游说之士需要察言观色，投其所好，曲意逢迎，只受功利心的驱使。因利而聚，利尽则散；以势相交，势去则倾。）这需要技巧，《韩非子·说难》篇专论这个。说得好固然可以取"金玉锦绣"和"卿相之尊"，说得不好也会招杀身之祸，利害所关如此之大，苏秦费一整年研究揣摩不算多。当时各国所重的是威势，策士所说原不外战争和诈谋；但要因人、因地进言，广博的知识和微妙的机智都是不可少的。

记载那些说辞的书叫《战国策》，是汉代刘向编定的，书名也是他提议的。（前文所叙，皆为《战国策》产生的历史背景及内容由来。）但在他以前，汉初著名的说客蒯通，大约已经加以整理和润饰，所以各篇如出一手。《汉书》本传里记着他"论战国时说士权变，亦自序其说，凡八十一篇，号曰《隽永》"，大约就是刘向所根据的底本了[①]。蒯通那支笔是很有力量的。铺陈的伟丽，叱咤的雄豪，固然传达出来了；而那些曲折微妙的声口，也丝丝入扣，千载如生。读这部书，真是如闻其语，如见其人。（作者对《战国策》的文学价值做出高度评价。）汉以来批评这部书的都用儒家的眼光。刘向的序里说战国时代"捐礼让而贵战争，弃仁义而用诈谲，苟以取强而已矣"，可以代表。但他又说这些是"高才秀士"的"奇策异智"，"亦可喜，皆可观"。这便是文辞的作用了。宋代有个李文叔，也说这部书所记载的事"浅陋不足道"，但"人读之，则必乡其说之工，而忘其事之陋者，文辞之胜移之而已"。又道，说的还不算难，记的才真难得呢[②]。这部书除文辞之胜外，所记的事，上接春秋时代，下至楚、汉兴起为止，共二百零二年（西元前403—前202），也是一部重要的古史。（除"文辞之胜"外，《战国策》还有重要的历史价值。）所谓战国时代，便指这里的二百零二年；而战国的名称也是刘向在这部书的序里定出的。

参考资料

雷海宗:《中国通史选读》第二册（清华大学讲义排印本）。

---

① 罗根泽:《〈战国策〉作于蒯通考》及《补证》(《古史辨》第四册)。

② 李格非:《书〈战国策〉后》。

《史记》《汉书》第九

说起中国的史书，《史记》《汉书》，真是无人不知，无人不晓。这有两个原因。一则这两部书是最早的有系统的历史，再早虽然还有《尚书》、鲁《春秋》、《国语》、《春秋左氏传》、《战国策》等，但《尚书》《国语》《战国策》，都是记言的史，不是记事的史。《春秋》和《左传》是记事的史了，可是《春秋》太简短，《左氏传》虽够铺排的，而跟着《春秋》编年的系统，所记的事还不免散碎。《史记》创了“纪传体”，叙事自黄帝以来到著者当世，就是汉武帝的时候，首尾三千多年。《汉书》采用了《史记》的体制，却以汉事为断，从高祖到王莽，只二百三十年。后来的史书全用《汉书》的体制，断代成书；二十四史里，《史记》《汉书》以外的二十二史都如此。这称为“正史”。《史记》《汉书》，可以说都是“正史”的源头。（两书具有重要的历史价值。）二则，这两部书都成了文学的古典；两书有许多相同处，虽然也有许多相异处。大概东汉、魏、晋到唐，喜欢《汉书》的多，唐以后喜欢《史记》的多，而明、清两代尤然。这是两书文体各有所胜的缘故。但历来班、马并称，《史》《汉》连举，它们叙事写人的技术，毕竟是大同的。（两书各有所胜，又有大同之处，作者在后文分别论述。）

《史记》，汉司马迁著。（作者开始讲解司马迁的一生。）司马迁字子长，左冯翊夏阳（今陕西韩城）人。（景帝中元五年——西元前 145 年生，卒年不详。）他是太史令司马谈的儿子。小时候在本乡只帮人家耕耕田、放放牛玩儿。司马谈做了太史令，才将他带到京师（今西安）读书。他十岁的时候，便认识“古文”的书了。二十岁以后，到处游历，真是足迹遍天下。他东边到过现在的河北、山东及江、浙沿海，南边到过湖南、江西、云南、贵州，西边到过陕、甘、西康等处，北边到过长城等处；当时的“大汉帝国”，除了朝鲜、河西（今宁夏一带）、岭南几个新开郡外，他都走到了。他的出游，相传是父亲命他搜求史料去的；但也有些处是因公去的。他搜得了多少写的史料，没有明文，不能知道。可是他却看到了好些古代的遗迹，听到了好些古代的轶闻；这些都是活史料，他用来印证并补充他所读的书。他作《史记》，叙述和描写往往特别亲切有味，便是为此。他的游历不但增扩了他的见闻，也增扩了他的胸襟；他能够综括三千多年的事，写成一部大书，而行文又极其抑扬变化之致，可见出他的胸襟是如何的阔大。

他二十几岁的时候，应试得高第，做了郎中。武帝元封元年（西元前110），大行封禅典礼，步骑十八万，旌旗千余里。司马谈是史官，本该从行；但是病得很重，留在洛阳不能去。司马迁却跟去了。回来见父亲，父亲已经快死了，拉着他的手呜咽着道：“我们先人从虞、夏以来，世代做史官；周末弃职他去，从此我家便衰微了。我虽然恢复了世传的职务，可是不成；你看这回封禅大典，我竟不能从行，真是命该如此！再说孔子因为眼见王道缺，礼乐衰，才整理文献，论《诗》《书》，作《春秋》，他的功绩是不朽的。孔子到现在又四百多年了，各国只管争战，史籍都散失了，这得搜求整理；汉朝一统天下，明主、贤君、忠臣、死义之士，也得记载表彰。我做了太史令，却没能尽职，无所论著，真是惶恐万分。你若能继承先业，再做太史令，成就我的未竟之志，扬名于后世，那就是大孝了。你想着我的话吧。”①司马迁听了父亲这番遗命，低头流泪答道：

---

① 原文见《史记·自序》。

“儿子虽然不肖，定当将你老人家所搜集的材料，小心整理起来，不敢有所遗失。”[1] 司马谈便在这年死了，司马迁这年三十六岁。父亲的遗命指示了他一条伟大的路。

父亲死的第三年，司马迁果然做了太史令。他有机会看到许多史籍和别的藏书，便开始做整理的功夫。那时史料都集中在太史令手里，特别是汉代各地方行政报告，他那里都有。他一面整理史料，一面却忙着改历的工作；直到太初元年（西元前 104），太初历完成，才动手著他的书。天汉二年（西元前 99），李陵奉了贰师将军李广利的命，领了五千兵，出塞打匈奴。匈奴八万人围着他们；他们杀伤了匈奴一万多，可是自己的人也死了一大半。箭完了，又没吃的，耗了八天，等贰师将军派救兵。救兵竟没有影子。匈奴却派人来招降。李陵想着回去也没有脸，就降了。武帝听了这个消息，又急又气。朝廷里纷纷说李陵的坏话。武帝问司马迁，李陵到底是个怎样的人。李陵也做过郎中，和司马迁同过事，司马迁是知道他的。

他说李陵这个人秉性忠义，常想牺牲自己，报效国家。这回以少敌众，兵尽路穷，但还杀伤那么些人，功劳其实也不算小。他绝不是怕死的，他的降大概是假意的，也许在等机会给汉朝出力呢。武帝听了他的话，想着贰师将军是自己派的元帅，司马迁却将功劳归在投降的李陵身上，真是大不敬；便教将他抓起来，下在狱里。第二年，武帝杀了李陵全家，处司马迁宫刑。宫刑是个大辱，污及先人，见笑亲友，他灰心失望已极，只能发愤努力，在狱中专心致志写他的书，希图留个后世名。过了两年，武帝改元太始，大赦天下。他出了狱，不久却又做了宦者做的官，中令书，重被宠信。但他还继续写他的书。直到征和

---

① 原文见《史记·自序》。

二年（西元前 91），全书才得完成，共一百三十篇，五十二万六千五百字。他死后，这部书部分地流传；到宣帝时，他的外孙杨恽才将全书献上朝廷去，并传写公行于世。汉人称为《太史公书》《太史公》《太史公记》《太史记》。魏、晋间才简称为《史记》，《史记》便成了定名。这部书流传时颇有缺佚，经后人补续改窜了不少；只有元帝、成帝间褚少孙补的有主名，其余都不容易考了。

司马迁是窃比孔子的。孔子是在周末官守散失时代第一个保存文献的人；司马迁是秦灭以后第一个保存文献的人。他们保存的方法不同，但是用心一样。《史记·自序》里记着司马迁和上大夫壶遂讨论作史的一番话。司马迁引述他的父亲称扬孔子整理"六经"的丰功伟业，而特别着重《春秋》的著作。他们父子都是相信孔子作《春秋》的。他又引董仲舒所述孔子的话："我有种种觉民救世的理想，凭空发议论，恐怕人不理会；不如借历史上现成的事实来表现，可以深切著明些。"[①]（改革常常需要"托古"以引人注意、赢得支持。戊戌维新时，康有为提出托古改制的旗号，并且继承了《春秋公羊传》的三世说来阐释改革主张的合法性。）这便是孔子作《春秋》的趣旨；他是要明王道，辨人事，分明是非、善恶、贤不肖，存亡继绝，补敝起废，作后世君臣龟鉴。（以史为鉴，可以知兴替。）《春秋》实在是礼义的大宗，司马迁相信礼治是胜于法治的。他相信《春秋》包罗万象，采善贬恶，并非以刺讥为主。像他父亲遗命所说的，汉兴以来，人主明圣盛德，和功臣、世家、贤大夫之业，是他父子职守所在，正该记载表彰。他的书记汉事较详，固然是史料多，也是他意主尊汉的缘故。他排斥暴秦，要将汉远承三代。这正和今文家说的《春秋》尊鲁一样，他的书实在是窃比《春秋》的。他虽自称只是"厥协'六经'异传，整齐百家杂语"[②]，述而不作，不敢与《春秋》比，

① 原文见《史记·自序》。

② 《史记·自序》。

那不过是谦词罢了。

他在《报任安书》里说他的书“欲以究天人之际，通古今之变，成一家之言”。《史记·自序》里说：“罔（网）罗天下放佚旧闻，王迹所兴，原始察终，见盛观衰，论考之行事。”“王迹所兴”，始终盛衰，便是“古今之变”，也便是“天人之际”。“天人之际”只是天道对于人事的影响；这和所谓“始终盛衰”都是阴阳家言。阴阳家倡“五德终始说”，以为金、木、水、火、土五行之德，互相克胜，终始运行，循环不息。当运者盛，王迹所兴；运去则衰。西汉此说大行，与“今文经学”合而为一。司马迁是请教过董仲舒的，董就是今文派的大师；他也许受了董的影响。“五德终始说”原是一种历史哲学；实际的教训只是让人君顺时修德。

《史记》虽然窃比《春秋》，却并不用那咬文嚼字的书法，只据事实录，使善恶自见。书里也有议论，那不过是著者牢骚之辞，与大体是无关的。原来司马迁自遭李陵之祸，更加努力著书。他觉得自己已经身废名裂，要发抒意中的郁结，只有这一条通路。他在《报任安书》和《史记·自序》里引了文王以下到韩非诸贤圣，都是发愤才著书的。他自己也是个发愤著书的人。天道的无常，世变的无常，引起了他的感叹，他悲天悯人，发为牢骚抑扬之辞。这增加了他的书的情韵。后世论文的人推尊《史记》，一个原因便在这里。

班彪论前史得失，却说他“论议浅而不笃，其论术学，则崇黄、老而薄‘五经’，序货殖，则轻仁义而羞贫穷，论游侠，则贱守节而贵俗功”，以为“大敝伤道”①；班固也说他“是非颇谬于圣人”②。其实推崇道家的是司马谈；司马迁时，儒学已成独尊之势，他也成了一个推崇的人了。至于《游侠》《货殖》两传，确

① 《后汉书·班彪传》。

② 《汉书·司马迁传赞》。

有他的身世之感。那时候有钱可以赎罪，他遭了李陵之祸，刑重家贫，不能自赎，所以才有“羞贫穷”的话；他在穷窘之中，交游竟没有一个抱不平来救他的，所以才有称扬游侠的话。（《游侠列传》和《刺客列传》中都记述了各种武艺高强、轻视名利、视死如归、肯为知己两肋插刀赴汤蹈火的侠客。这或许也表现出了司马迁在困境中对人性的一种期许。）这和《伯夷传》里天道无常的疑问，都只是偶一借题发挥，无关全书大旨。东汉王允死看“发愤”著书一语，加上咬文嚼字的成见，便说《史记》是“佞臣”的“谤书”[①]，那不但误解了《史记》，也太小看了司马迁。

《史记》体例有五：十二本纪，记帝王政迹，是编年的。十表，以分年略记世代为主。八书，记典章制度的沿革。三十世家，记侯国世代存亡。七十列传，类记各方面人物。史家称为“纪传体”，因为“纪传”是最重要的部分。古史不是断片的杂记，便是顺按年月的纂录；自出机杼，创立规模，以驾驭去取各种史料的，从《史记》起始。司马迁的确能够贯穿经传，整齐百家杂语，成一家言。他明白“整齐”的必要，并知道怎样去“整齐”：这实在是创作，是以述为作。（“以述为作”，难能可贵。）他这样将自有文化以来三千年间君臣士庶的行事，“合一炉而冶之”，却反映着秦汉大一统的局势。《春秋左氏传》虽也可算通史，但是规模完具的通史，还得推《史记》为第一部书。（《史记》重要的历史价值。）班固根据他父亲班彪的意见，说司马迁“善叙事理，辩而不华，质而不俚；其文直，其事核，不虚美，不隐恶，故谓之实录”[②]。“直”是“简省”的意思；简省而能明确，便见本领。《史记》共一百三十篇，列传占了全书的过半数；司马迁的史观是以人物为中心的。他最长于描写；靠了他的笔，古代许多重要人物的面形，至今还活现在纸上。（我们可以阅读《史记》中的作品，穿越时空之河，寻找历史人物的面影。）

① 《后汉书·蔡邕传》。

② 《汉书·司马迁传赞》。

《汉书》，汉班固著。（开始转入对《汉书》作者及成书过程的介绍。）班固，字孟坚，扶风安陵（今陕西咸阳）人。（光武帝建武八年——西元32年生，和帝永元四年——西元92年卒。）他家和司马氏一样，也是个世家；《汉书》是子继父业，也和司马迁差不多。但班固的凭借，比司马迁好多了。他曾祖班斿，博学有才气，成帝时，和刘向同校皇家藏书。成帝赐了他全套藏书的副本，《史记》也在其中。当时书籍流传很少，得来不易；班家得了这批赐书，真像大图书馆似的。他家又有钱，能够招待客人。后来有好些学者，老远地跑到他家来看书，扬雄便是一个。班斿的次孙班彪，既有书看，又得接触许多学者；于是尽心儒术，成了一个史学家。《史记》以后，续作很多，但不是偏私，就是鄙俗；班彪加以整理补充，著了六十五篇《后传》。他详论《史记》的得失，大体确当不移。他的书似乎只有本纪和列传；世家是并在列传里。这部书没有流传下来，但他的儿子班固的《汉书》是用它作底本的。

班固生在河西，那时班彪避乱在那里。班固有弟班超，妹班昭，后来都有功于《汉书》。他五岁时随父亲到那时的京师洛阳。九岁时能作文章，读诗赋。大概是十六岁吧，他入了洛阳的大学，博览群书。他治学不专守一家；只重大义，不沾沾在章句上。又善作辞赋。为人宽和容众，不以才能骄人。在大学里读了七年书，二十三岁上，父亲死了，他回到安陵去。明帝永平元年（西元58），他二十八岁，开始改撰父亲的书。他觉得《后传》不够详的，自己专心精究，想完成一部大书。过了三年，有人上书给明帝，告他私自改作旧史。当时天下新定，常有人假造预言，摇惑民心；私改旧史，更有机会造谣，罪名可以很大。（可见君主对于史书的修撰非常重视，它关乎政权的稳固与否。）

明帝当即诏令扶风郡逮捕班固，解到洛阳狱中，并调看他的稿子。他兄弟班超怕闹出大乱子，永平五年（西元62），带了全家赶到洛阳；他上书给明帝，陈明原委，请求召见。明帝果然召见。他陈明班固不敢私改旧史，只是续父所作。那时扶风郡也已将班固稿子送呈。明帝却很赏识那稿子，便命班固做校书郎，兰台令史，跟别的几个人同修世祖（光武帝）本纪。班家这时候很穷。班超也做了一名书记，帮助哥哥养家。后来班固等又述诸功臣的事迹，作列传载记二十八篇奏上。这些后来都成了刘珍等所撰的《东观汉记》的一部分，与《汉书》是无关的。

明帝这时候才命班固续完前稿。永平七年（西元64），班固三十三岁，在兰台重行写他的大著。兰台是皇家藏书之处，他取精用弘，比家中自然更好。次年，班超也做了兰台令史。虽然在官不久，就从军去了，但一定给班固帮助很多。章帝即位，好辞赋，更赏识班固了。他因此得常到宫中读书，往往连日带夜地读下去。大概在建初七年（西元82），他的书才大致完成。那年他是五十一岁了。和帝永元元年（西元89），车骑将军窦宪出征匈奴，用他做中护军，参议军机大事。这一回匈奴大败，逃得不知去向。窦宪在出塞三千多里外的燕然山上刻石纪功，教班固作铭。这是著名的大手笔。

次年他回到京师，就做窦宪的秘书。当时窦宪威势极盛；班固倒没有仗窦家的势欺压人，但他的儿子和奴仆却都无法无天的。这就得罪了许多地面上的官儿；他们都敢怒不敢言。有一回他的奴子喝醉了，在街上骂了洛阳令种兢，种兢气恨极了，但也只能记在心里。永元四年（西元92），窦宪阴谋弑和帝，事败，自杀。他的党羽，或诛死，或免官。班固先只免了官，种兢却饶不过他，逮捕了他，下在狱里。他已经六十一岁了，受不得那种苦，便在狱里死了。和帝得知，很觉可惜，特地下诏申斥种兢，命他将主办的官员抵罪。班固死后，《汉书》的稿子很散乱。他的妹子班昭也是高才博学，嫁给曹世叔，世叔早死，她的节行并为人所重。当时称为曹大家。这时候她奉诏整理哥哥的书；并有高才郎官十人，从她研究这部书——经学大师扶风马融，就在这十人里。书中的八表和天文志那时还未完成，她和马融的哥哥马续参考皇家藏书，将这些篇写定，这也是奉诏办的。

《汉书》的名称从《尚书》来，是班固定的。他说唐、虞、三代当时都有记载，颂述功德；汉朝却到了第六代才有司马迁的《史记》。而《史记》是通史，将汉朝皇帝的本纪放在尽后头，并且将尧的后裔的汉和秦、项放在相等的地位，这实在不足以推尊本朝。况《史记》只到武帝而止，也没有成段落似的。他所以断代述史，起于高祖，终于平帝时王莽之诛，共十二世，二百三十年，作纪、表、志、传凡百篇，称为《汉书》[①]。(《汉书》的主要内容及体例。) 班固著《汉书》，虽然根据父亲的评论，修正了《史记》的缺失，但断代的主张，却是他的创见。他这样一面保存了文献，一面贯彻了发扬本朝功德的趣旨。所以后来的正史都以他的书为范本，名称也多叫作“书”。他这个创见，影响是极大的。他的书所包举的，比《史记》更为广大，天地、鬼神、人事、政治、道德、艺术、文章，尽在其中。

书里没有世家一体，本于班彪《后传》。汉代封建制度，实际上已不存在；无所谓侯国，也就无所谓世家。这一体的并入列传，也是自然之势。至于改“书”为“志”，只是避免与《汉书》的“书”字相重，无关得失。但增加了《艺文志》，叙述古代学术源流，记载皇家藏书目录，所关却就大了。《艺文志》的底本是刘歆的《七略》。刘向、刘歆父子都曾奉诏校读皇家藏书；他们开始分别源流，编订目录[②]，使那些“中秘书”渐得流传于世，功劳是很大的。他们的原

① 《汉书·叙传》。

② 刘向著有《别录》。

著都已不存，但《艺文志》还保留着刘歆《七略》的大部分。这是后来目录学家的宝典。原来秦火之后，直到成帝时，书籍才渐渐出现；成帝诏求遗书于天下，这些书便多聚在皇家。刘氏父子所以能有那样大的贡献，班固所以想到在《汉书》里增立《艺文志》，都是时代使然。司马迁便没有这样好运气。

《史记》成于一人之手，《汉书》成于四人之手。（作者开始梳理《史记》《汉书》的优劣之争。）表、志由曹大家和马续补成；纪、传从昭帝至平帝有班彪的《后传》作底本。而从高祖至武帝，更多用《史记》的文字。这样一看，班固自己作的似乎太少。因此有人说他的书是“剽窃”而成①，算不得著作。但那时的著作权的观念还不甚分明，不以抄袭为嫌；而史书也不能凭虚别构。班固删润旧文，正是所谓“述而不作”。他删润的地方，却颇有别裁，绝非率尔下笔。史书叙汉事，有阙略的，有隐晦的，经他润色，便变得详明，这是他的独到处。汉代“明主、贤君、忠臣、死义之士”，他实在表彰得更为到家。书中收载别人整篇的文章甚多，有人因此说他是“浮华”之士②。这些文章大抵关系政治学术，多是经世有用之作。那时还没有文集，史书加以搜罗，不失保存文献之旨。至于收录辞赋，却是当时的风气和他个人的嗜好；不过从现在看来，这些也正是文学史料，不能抹煞的。

班、马优劣论起于王充《论衡》。他说班氏父子“文义浃备，纪事详赡”，观者以为胜于《史记》③。王充论文，是主张“华实俱成”的④。汉代是个辞赋的时代，所谓“华”，便是辞赋化。《史记》当时还用散行文字；到了《汉书》，便

① 《通志总序》。

② 同上。

③ 《超奇》篇，这里据《史通·鉴识》原注引，和通行本文字略异。

④ 同上。

弘丽精整，多用排偶，句子也长了。（可以尝试阅读一篇传记加深理解，比如《苏武传》在讲述苏武牧羊的故事时在文辞方面就十分考究。）这正是辞赋的影响。自此以后，直到唐代，一般文士，大多偏爱《汉书》，专门传习，《史记》的传习者却甚少。这反映着那时期崇尚骈文的风气。唐以后，散文渐成正统，大家才提倡起《史记》来；明归有光及清桐城派更力加推尊，《史记》差不多要驾乎《汉书》之上了。这种优劣论起于二书散整不同，质文各异；其实是跟着时代的好尚而转变的。（可见对于文本的价值判断很大程度上立足于特定的历史语境。后世读者需要加以甄别判断，博采众长。）

晋代张辅，独不好《汉书》。他说："世人论司马迁班固才的优劣，多以固为胜，但是司马迁叙三千年事，只五十万言，班固叙二百年事，却有八十万言。烦省相差如此之远，班固哪里赶得上司马迁呢！"[①] 刘知几《史通》却以为"《史记》虽叙三千年事，详备的也只汉兴七十多年，前省后烦，未能折中；若教他作《汉书》，恐怕比班固还要烦些"[②]。刘知几左袒班固，不无过甚其辞。平心而论，《汉书》确比《史记》繁些。《史记》是通史，虽然意在尊汉，不妨详近略远，但叙汉事到底不能太详；司马迁是知道"折中"的。《汉书》断代为书，尽可充分利用史料，尽其颂述功德的职分：载事既多，文字自然繁了，这是一。《汉书》载别人文字也比《史记》多，这是二。《汉书》文字趋向骈体，句子比散体长，这是三。这都是"事有必至，理有固然"，不足为《汉书》病。范晔《后汉书·班固传赞》说班固叙事"不激诡，不抑抗，赡而不秽，详而有体，使读之者亹亹而不厌"，这是不错的。

宋代郑樵在《通志总序》里抨击班固，几乎说得他不值一钱。刘知几论通

① 原文见《晋书·张辅传》。
② 原文见《史通·杂说》上。

史不如断代，以为通史年月悠长，史料亡佚太多，所可采录的大都陈陈相因，难得新异。《史记》已不免此失；后世仿作，贪多务得，又加上繁杂的毛病，简直教人懒得去看[①]。按他的说法，像鲁《春秋》等，怕也只能算是截取一个时代的一段儿，相当于《史记》的叙述汉事；不是无首无尾，就是有首无尾。这都不如断代史的首尾一贯好。像《汉书》那样，所记的只是班固的近代，史料丰富，搜求不难。只需破费工夫，总可一新耳目，“使读之者亹亹而不厌”的[②]。郑樵的意见恰相反。他注重会通，以为历史是连贯的，要明白因革损益的轨迹，非会通不可。通史好在能见其全，能见其大。他称赞《史记》，说是“‘六经’之后，惟有此作”。他说班固断汉为书，古今间隔，因革不明，失了会通之道，真只算是片段罢了[③]。其实通古和断代，各有短长，刘、郑都不免一偏之见。

《史》《汉》可以说是各自成家。《史记》“文直而事核”，《汉书》“文赡而事详”[④]。司马迁感慨多，微情妙旨，时在文字蹊径之外；《汉书》却一览之余，情词俱尽。但是就史论史，班固也许比较客观些，比较合体些。（唐代史学家刘知己曾提出著名的史学三大要素，即“史实”、“史论”和“史识”。史论更侧重于判断史学家就事论事的能力，史识则考察其对历史的整体认知和融会贯通的能力。我们可以从这三个方面对比不同史学家的侧重点。）明茅坤说“《汉书》以矩矱胜”[⑤]，清章学诚说“班氏守绳墨”“班氏体方用智”[⑥]，都是这个意思。晋傅玄评班固，“论国体则饰主阙而折忠

① 《史通·六家》。

② 同上。

③ 《通志总序》。

④ 《后汉书·班固传赞》。

⑤ 《汉书评林序》。

⑥ 《文史通义·诗教》下。

臣，叙世教则贵取容而贱直节”[1]。这些只关识见高低，不见性情偏正，和司马迁《游侠》《货殖》两传蕴含着无穷的身世之痛不能相比，所以还无碍其为客观的。总之，《史》《汉》二书，文质和繁省虽然各不相同，而所采者博，所择者精，却是一样；组织的弘大，描写的曲达，也同工异曲。二书并称良史，绝不是偶然的。（博采精择，组织弘大，描写曲达，是两部史书共有的优点。）

参考资料

郑鹤声：《史汉研究》《司马迁年谱》《班固年谱》。

① 《史通·书事》。

诸子第十

春秋末年，封建制度开始崩坏，贵族的统治权，渐渐维持不住。社会上的阶级，有了紊乱的现象。到了战国，更看见农奴解放，商人抬头。这时候一切政治的、社会的、经济的制度，都起了根本的变化。大家平等自由。形成了一个大解放的时代。（诸子之说产生的历史背景。）在这个大变动当中，一些才智之士对于当前的情势，有种种的看法，有种种的主张；他们都想收拾那动乱的局面，让它稳定下来。有些倾向于守旧的，便起来拥护旧文化、旧制度，向当世的君主和一般人申述他们拥护的理由，给旧文化、旧制度找出理论上的根据。也有些人起来批评或反对旧文化、旧制度；又有些人要修正那些。还有人要建立新文化、新制度来代替旧的；还有人压根儿反对一切文化和制度。这些人也都根据他们自己的见解各说各的，都“持之有故，言之成理”。这便是诸子之学，大部分可以称为哲学。（诸子之学形成的过程。）这是一个思想解放的时代，也是一个思想发达的时代，在中国学术史里是稀有的。（思想解放，各抒己见，便是到了社会发展的关键隘口。）

诸子都出于职业的“士”。“士”本是封建制度里贵族的末一级；但到了春秋、战国之际，“士”成了有才能的人的通称。在贵族政治未崩坏的时候，所有的知识、礼、乐等等，都在贵族手里，平民是没份的。那时有知识技能的专家，都由贵族专养专用，都是在官的。到了贵族政治崩坏以后，贵族有的失了势，穷了，养不起自用的专家。这些专家失了业，流落到民间，便卖他们的知识技能为生。凡有权有钱的都可以临时雇用他们；他们起初还是伺候贵族的时候多，不过不限于一家贵族罢了。这样发展了一些自由职业；靠这些自由职业为生的，渐渐形成了一个特殊阶级，便是“士农工商”的“士”。这些“士”，这些专家，后来居然开门授徒起来。徒弟多了，声势就大了，地位也高了。他们除掉执行自己的职业之外，不免根据他们专门的知识技能，研究起当时的文化和制度来了。这就有了种种看法和主张。各“思以其道易天下”①。诸子百家便是这样兴起的。

第一个开门授徒发扬光大那非农非工非商非官的“士”的阶级的，是孔子。（孔子创始儒家。在教育平民化方面做出巨大贡献。）孔子名丘，他家原是宋国的贵族，贫寒失势，才流落到鲁国去。他自己做了一个儒士；儒士是以教书和相礼为职业的，他却只是一个“老教书匠”。他的教书有一个特别的地方，就是“有教无类”②。他大招学生，不问身家，只要缴相当的学费就收；收来的学生，一律教他们读《诗》《书》等名贵的古籍，并教他们礼、乐等功课。这些从前是只有贵族才能够享受的，孔子是第一个将学术民众化的人。（春秋时期的学术下移现象，知识不再为贵族阶层所垄断，也进入了民间。）他又带着学生，周游列国，说当世的君主；这也是从前没有的。他一个人开了讲学和游说的风气，是“士”阶级的老祖宗。他是旧文化、旧制度的辩护人，以这种姿态创始了所谓儒家。所谓旧文化、旧制度，主要的是西周的文化和制度，孔子相信是文王、周公创造的。继续文王、周公的事业，便是他给他自己的使命。他自己说，“述而不作，信而好古”③；所

① 语见章学诚：《文史通义·言公》上。

② 《论语·卫灵公》。

③ 《论语·述而》。

述的，所信所好的，都是周代的文化和制度。《诗》《书》《礼》《乐》等是周文化的代表，所以他拿来作学生的必修科目。这些原是共同的遗产，但后来各家都讲自己的新学说，不讲这些；讲这些的始终只有“述而不作”的儒家。因此《诗》《书》《礼》《乐》等便成为儒家的专有品了。

孔子是个博学多能的人，他的讲学是多方面的。他讲学的目的在于养成“人”，养成为国家服务的人，并不在于养成某一家的学者。（孔子希望把学生教导为一个完善的人，这也启发了后世的教育理念。如果只以功利心教育学生，那么学生极易成长为在某一方面有专长但在整体人格上有缺憾的人。为国家培养人才和为某个具体目的培养劳动力是不同的。）他教学生读各种书、学各种功课之外，更注重人格的修养。他说为人要有真性情，要有同情心，能够推己及人，这所谓“直”“仁”“忠”“恕”；一面还得合乎礼，就是遵守社会的规范。凡事只问该做不该做，不必问有用无用；只重义，不计利。这样人才配去干政治，为国家服务。（可以联想到工具理性和价值理性的问题。孔子的思想至今也仍旧不过时。）孔子的政治学说，是“正名主义”。他想着当时制度的崩坏，阶级的紊乱，都是名不正的缘故。君没有君道，臣没有臣道，父没有父道，子没有子道，实和名不能符合起来，天下自然乱了。救时之道，便是“君君，臣臣，父父，子子”①；正名定分，社会的秩序，封建的阶级便会恢复的。他是给封建制度找了一个理论的根据。这个正名主义，又是从《春秋》和古史官的种种书法归纳得来的。他所谓“述而不作”，其实是以述为作，就是理论化旧文化、旧制度，要将那些维持下去。他对于中国文化的贡献，便在这里。

孔子以后，儒家还出了两位大师，孟子和荀子。（儒家的另外两位大师，阅读

① 《论语·颜渊》。

后文，关注二者不同。）孟子名轲，邹人；荀子名况，赵人。这两位大师代表儒家的两派。他们也都拥护周代的文化和制度，但更进一步地加以理论化和理想化。孟子说人性是善的。人都有恻隐心、羞恶心、辞让心、是非心；这便是仁、义、礼、智等善端，只要能够加以扩充，便成善人。这些善端，又总称为“不忍人之心”。圣王本于“不忍人之心”，发为“不忍人之政”①，便是“仁政”“王政”。一切政治的、经济的制度都是为民设的，君也是为民设的——这却已经不是封建制度的精神了。和王政相对的是霸政。霸主的种种制作设施，有时也似乎为民，其实不过是达到好名、好利、好尊荣的手段罢了。荀子说人性是恶的。性是生之本然，里面不但没有善端，还有争夺放纵等恶端。但是人有相当聪明才力，可以渐渐改善学好；积久了，习惯自然，再加上专一的功夫，可以到圣人的地步。所以善是人为的。孟子反对功利，他却注重它。他论王霸的分别，也从功利着眼。孟子注重圣王的道德，他却注重圣王的威权。他说生民之初，纵欲相争，乱得一团糟，圣王建立社会国家，是为明分、息争的。礼是社会的秩序和规范，作用便在明分；乐是调和情感的，作用便在息争。他这样从功利主义出发，给一切文化和制度找到理论的根据。

儒士多半是上层社会的失业流民；儒家所拥护的制度，所讲、所行的道德，也是上层社会所讲、所行的。还有原业农工的下层失业流民，却多半成为武士。武士是以帮人打仗为职业的专家。墨翟便出于武士。（由儒士的社会地位讲到武士，自然引出墨家，过渡方式非常巧妙。）墨家的创始者墨翟，鲁国人，后来做到宋国的大夫，但出身大概是很微贱的。“墨”原是做苦工的犯人的意思，大概是个浑名；“翟”是名字。墨家本是贱者，也就不辞用那个浑名自称他们的学派。墨家是

① 《孟子·公孙丑》。

有团体组织的，他们的首领叫作“巨子”；墨子大约就是第一任“巨子”。他们不但是打仗的专家，并且是制造战争器械的专家。

但墨家和别的武士不同，他们是有主义的。他们虽以帮人打仗为生，却反对侵略的打仗；他们只帮被侵略的弱小国家做防卫的工作。《墨子》里只讲守的器械和方法，攻的方面，特意不讲。这是他们的“非攻”主义。他们说天下大害，在于人的互争；天下人都该视人如己，互相帮助，不但利他，而且利己。（有学说认为墨家是后世武侠的发源。所谓“孔席不暖，墨突不黔”说的是孔子、墨子四处周游，每到一处，坐席没有坐暖，烟囱没有熏黑，又匆匆地到别处去了。可以看出墨子在宣扬自己的学说时完全置个人名利安危于度外，这与后世路见不平拔刀相助的侠义精神也有异曲同工之妙。）这是“兼爱”主义。墨家更注重功利，凡于国家人民有利的事情，才认为有价值。国家人民，利在富庶；凡能使人民富庶的事物是有用的，别的都是无益或有害。他们是平民的代言人，所以反对贵族的周代的文化和制度。他们主张“节葬”“短丧”“节用”“非乐”，都和儒家相反。他们说他们是以节俭勤苦的夏禹为法的。他们又相信有上帝和鬼神，能够赏善罚恶；这也是下层社会的旧信仰。儒家和墨家其实都是守旧的，不过一个守原来上层社会的旧，一个守原来下层社会的旧罢了。

压根儿反对一切文化和制度的是道家。（在比较了儒家与墨家之后，用“压根儿反对一切文化和制度”引出“道家”。“压根儿”颇有漫谈的意味。）道家出于隐士。孔子一生曾遇到好些“避世”之士；他们着实讥评孔子。这些人都是有知识学问的。他们看见时世太乱，难以挽救，便消极起来，对于世事，取一种不闻不问的态度。他们讥评孔子“知其不可而为之”[①]，费力不讨好；他们自己便是知其不可而

① 《论语·宪问》。

不为的、独善其身的聪明人。（达则兼济天下，穷则独善其身。社会动乱容易让人们丧失希望，孔子知其不可而为之或许也并不是真的想以一己之力改变时代，而只是因为“鸟兽不可与同群，吾非斯人之徒与而谁与？天下有道，丘不与易也”，他的坚持恐怕也只在行动本身而非目的。）后来有个杨朱，也是这一流人，他却将这种态度理论化了，建立“为我”的学说。他主张“全生保真，不以物累形”[1]；将天下给他，换他小腿上一根汗毛，他是不干的。天下虽大，是外物；一根毛虽小，却是自己的一部分。所谓“真”，便是自然。杨朱所说的只是教人因生命的自然，不加伤害；“避世”便是“全生保真”的路。不过世事变化无穷，避世未必就能避害，杨朱的教义到这里却穷了。老子、庄子的学说似乎便是从这里出发，加以扩充的。杨朱实在是道家的先锋。（由庄子谈及老子。）

老子相传姓李名耳，楚国隐士。楚人是南方新兴的民族，受周文化的影响很少，他们往往有极新的思想。孔子遇到那些隐士，也都在楚国，这似乎不是偶然的。庄子名周，宋国人，他的思想却接近楚人。老学以为宇宙间事物的变化，都遵循一定的公律，在天然界如此，在人事界也如此。这叫作“常”。顺应这些公律，便不须避害，自然能避害。所以说，“知常曰明”[2]。事物变化的最大公律是物极则反。处世接物，最好先从反面下手。“将欲翕之，必固张之；将欲弱之，必固强之；将欲废之，必固兴之；将欲夺之，必固与之。”[3]“大直若屈，大巧若拙，大辩若讷。”[4]这样以退为进，便不至于有什么冲突了。因为物极则反，（月满则亏，杯满则溢。现在我们在生活中也常常会受到老庄思想的影响。这或许也是

① 《淮南子·氾论训》。

② 《老子》十六章。

③ 《老子》三十六章。

④ 《老子》四十五章。

一种朴素的辩证法思维。）所以社会上政治上种种制度，推行起来，结果往往和原来目的相反。“法令滋彰，盗贼多有。”[①] 治天下本求有所作为，但这是费力不讨好的，不如排除一切制度，顺应自然，无为而为，不治而治。那就无不为、无不治了。自然就是“道”，就是天地万物所以生的总原理。物得道而生，是道的具体表现。一物所以生的原理叫作“德”，“德”是“得”的意思。所以宇宙万物都是自然的。这是老学的根本思想，也是庄学的根本思想。但庄学比老学更进一步。他们主张绝对的自由、绝对的平等。天地万物，无时不在变化之中，不齐是自然的。一切但须顺其自然，所有的分别，所有的标准，都是不必要的。（现在谈到环境保护的时候，常常使用“天地与我并生，而万物与我为一”的庄子思想。这表现出的是人们不再以人类为中心将自然视作可以随意支取的银行，也不再将自然当作被保护的对象，而是更进一步看到人与自然万物都应当是平等的。）社会上、政治上的制度，硬教不齐的齐起来，只徒然伤害人性罢了。所以圣人是要不得的；儒、墨是“不知耻”的[②]。按庄学说，凡天下之物都无不好，凡天下的意见，都无不对；无所谓物我，无所谓是非。甚至死和生也都是自然的变化，都是可喜的。明白这些个，便能与自然打成一片，成为“无入而不自得”的至人了。老、庄两派，汉代总称为道家。

庄学排除是非，是当时“辩者”的影响。“辩者”汉代称为名家，出于讼师。（究根溯源，引出对名家的介绍。）辩者的一个首领郑国邓析，便是春秋末年著名的讼师。另一个首领梁相惠施，也是法律行家。邓析的本事在对于法令能够咬文嚼字地取巧，“以是为非，以非为是”[③]。语言文字往往是多义的；他能够分析语言

① 《老子》五十七章。

② 《庄子》的《在宥》《天运》。

③ 《吕氏春秋·审应览·离谓》篇。

文字的意义，利用来作种种不同甚至相反的解释。这样发展了辩者的学说。当时的辩者有惠施和公孙龙两派。惠施派说，世间各个体的物，各有许多性质；但这些性质，都因比较而显，所以不是绝对的。各物都有相同之处，也都有相异之处。从同的一方面看，可以说万物无不相同；从异的一方面看，可以说万物无不相异。同异都是相对的，这叫作“合同异”①。

公孙龙，赵人。他这一派不重个体而重根本，他说概念有独立分离的存在。譬如一块坚而白的石头，看的时候只见白，没有坚；摸的时候只觉坚，不见白。所以白性与坚性两者是分离的。况且天下白的东西很多，坚的东西也很多，有白而不坚的，也有坚而不白的。也可见白性与坚性是分离的，白性使物白，坚性使物坚；这些虽然必须因具体的物而见，但实在有着独立的存在，不过是潜存罢了。这叫作“离坚白”②。这种讨论与一般人感觉和常识相反，所以当时以为“怪说”“琦辞”“辩而无用”③。但这种纯理论的兴趣，在哲学上是有它的价值的。至于辩者对于社会政治的主张，却近于墨家。

儒、墨、道各家有一个共通的态度，就是托古立言；他们都假托古圣贤之言以自重。孔子托于文王、周公，墨子托于禹，孟子托于尧、舜，老、庄托于传说中尧、舜以前的人物；一个比一个古，一个压一个。不托古而变古的只有法家。（从儒、墨、道共通的“托古立言”引出“不托古而变古”的法家。）法家出于“法术之士”④，法术之士是以政治为职业的专家。贵族政治崩坏的结果，一方面是平民的解放，一方面是君主的集权。这时候国家的范围，一天一天扩大，社会的

① 语见《庄子·秋水》。

② 《荀子·非十二子》篇。

③ 同上。

④ 《韩非子·定法》。

组织也一天一天复杂。人治、礼治，都不适用了。法术之士便创一种新的政治方法帮助当时的君主整理国政，做他们的参谋。这就是法治。当时现实政治和各方面的趋势是变古——尊君权、禁私学、重富豪。法术之士便拥护这种趋势，加以理论化。

他们中间有重势、重术、重法三派，而韩非子集其大成。他本是韩国的贵族，学于荀子。他采取荀学、老学和辩者的理论，创立他的一家言；他说势、术、法三者都是“帝王之具”[①]，缺一不可。势的表现是赏罚，赏罚严，才可以推行法和术。因为人性究竟是恶的。术是君主驾御臣下的技巧。综核名实是一个例。譬如教人做某官，按那官的名位，该能做出某些成绩来；君主就可以照着去考核，看他名实能相副否。又如臣下有所建议，君主便叫他去做，看他能照所说的做到否。名实相副的赏，否则罚。法是规矩准绳，明主制下了法，庸主只要守着，也就可以治了。君主能够兼用法、术、势，就可以一驭万，以静制动，无为而治。诸子都讲政治，但都是非职业的，多偏于理想。只有法家的学说，从实际政治出来，切于实用。中国后来的政治，大部分是受法家的学说支配的。（中国古代封建思想制度经常是以儒家思想作为一种宏观的指导思想，即整个国家的运作基础，而法家思想则用在实际管理中。所以经常有外法内儒的说法。）

古代贵族养着礼、乐专家，也养着巫祝、术数专家。（这里开始为阴阳家的出场做铺垫。）礼、乐原来的最大的用处在丧、祭。丧、祭用礼、乐专家，也用巫祝；这两种人是常在一处的同事。巫祝固然是迷信的；礼、乐里原先也是有迷信成分的。礼、乐专家后来沦为儒士；巫祝术数专家便沦为方士。他们关系极密切，所注意的事有些是相同的。汉代所称的阴阳家便出于方士。古代术数注意于所

① 《韩非子·定法》。

谓“天人之际”，以为天道人事互相影响。战国末年有些人更将这种思想推行起来，并加以理论化，使它成为一贯的学说。这就是阴阳家。

当时阴阳家的首领是齐人驺衍。他研究“阴阳消息”[①]，创为“五德终始”说[②]。“五德”就是五行之德。五行是古代的信仰。驺衍以为五行是五种天然势力，所谓“德”。每一德，各有盛衰的循环。在它当运的时候，天道人事，都受它支配。等到它运尽而衰，为别一德所胜、所克，别一德就继起当运。木胜土，金胜木，火胜金，水胜火，土胜水，这样“终始”不息。历史上的事变都是这些天然势力的表现。每一朝代，代表一德；朝代是常变的，不是一家一姓可以永保。阴阳家也讲仁义名分，却是受儒家的影响。那时候儒家也在开始受他们的影响，讲《周易》，作《易传》。到了秦、汉间，儒家更几乎与他们混合为一；西汉今文家的经学大部便建立在阴阳家的基础上。后来“古文经学”虽然扫除了一些“非常”“可怪”之论[③]，但阴阳家的思想已深入人心，牢不可拔了。

战国末期，一般人渐渐感着统一思想的需要，秦相吕不韦便是做这种尝试的第一个人。他教许多门客合撰了一部《吕氏春秋》。（吕不韦召集门客作《吕氏春秋》之后，自信已经尽善尽美不可修改，因此曾说“能增损一字者，予千金”，便是“一字千金”的由来。）现在所传的诸子书，大概都是汉人整理编定的；他们大概是将同一学派的各篇编辑起来，题为某子。所以都不是有系统的著作。《吕氏春秋》却不然，它是第一部完整的书。吕不韦所以编这部书，就是想化零为整，集合众长，统一思想。他的基调却是道家。秦始皇统一天下，李斯为相，实行统一思想。他

① 《史记·孟子荀卿列传》。

② 《吕氏春秋·有始览·名类》篇及《文选·左思〈魏都赋〉》李善注引《七略》。

③ 何休《春秋公羊经传解诂序》说《春秋》中“多非常异义可怪之论”。

烧书，禁天下藏“《诗》《书》百家语”[①]。但时机到底还未成熟，而秦不久也就亡了，李斯是失败了。所以汉初诸子学依然很盛。

到了汉武帝的时候，淮南王刘安仿效吕不韦的故智，教门客编了一部《淮南子》，也以道家为基调，也想来统一思想。但成功的不是他，是董仲舒。董仲舒向武帝建议：“‘六经’和孔子的学说以外，各家一概禁止。邪说息了，秩序才可统一，标准才可分明，人民才知道他们应走的路。”[②]武帝采纳了他的话。从此，帝王用功名、利禄提倡他们所定的儒学，儒学统于一尊；春秋战国时代言论思想极端自由的空气便消灭了。（罢黜百家，独尊儒术。）这时候政治上既开了从来未有的大局面，社会和经济各方面的变动也渐渐凝成了新秩序，思想渐归于统一，也是自然的趋势。在这新秩序里，农民还占着大多数，宗法社会还保留着，旧时的礼教与制度一部分还可适用，不过民众化了罢了。另一方面，要创立政治上、社会上各种新制度，也得参考旧的。这里便非用儒者不可了。儒者通晓以前的典籍，熟悉以前的制度，而又能够加以理想化、理论化，使那些东西秩然有序，粲然可观。别家虽也有政治社会学说，却无具体的办法，就是有，也不完备，赶不上儒家；在这建设时代，自然不能和儒学争胜。儒学的独尊，也是当然的。

参考资料

冯友兰：《中国哲学史》第一篇。

① 《史记·秦始皇本纪》。

② 原文见《汉书·董仲舒传》。

辞赋第十一

赋起源于战国时代，是根据古代汉字的形体、音义特点而组织出来的文学体裁。汉代人集屈原、宋玉等所作的作品为《楚辞》，并将辞、赋并称。

屈原是我国历史里永被纪念着的一个人。旧历五月五日端午节，相传便是他的忌日；他是投水死的，竞渡据说原来是表示救他的，粽子原来是祭他的。（从传说入手，引起读者对屈原的关注。）现在定五月五日为诗人节，也是为了纪念的缘故。他是个忠臣，而且是个缠绵悱恻的忠臣；他是个节士，而且是个浮游尘外、清白不污的节士。“举世皆浊而我独清，众人皆醉而我独醒”①，他的身世是一出悲剧。可是他永生在我们的敬意尤其是我们的同情里。“原”是他的号，“平”是他的名字。他是楚国的贵族，怀王时候，做“左徒”的官。（《史记·楚世家》记载：春申君曾“以左徒为令尹”。春申君黄歇是楚王近亲，他从左徒直接晋升为令尹（宰相），可知左徒地位颇显。）左徒好像现在的秘书。他很有学问，熟悉历史和政治，口才又好。一方面参赞国事，一方面给怀王见客，办外交，头头是道。怀王很信任他。（屈原曾任楚国的三闾大夫，主持宗庙祭祀，是兼管贵族屈、景、昭三大氏子弟教育的闲官。屈原在怀王时，可能先任左徒，被楚王疏远以后谪为三闾大夫。后世有时用三闾大夫专指屈原，如金人段克己《满江红·雨后》：“盈把足娱陶令意，夕餐谁似三闾洁。”）

当时楚国有亲秦、亲齐两派；屈原是亲齐派。秦国看见屈原得势，便派张仪买通了楚国的贵臣上官大夫、靳尚等，在怀王面前说他的坏话。怀王果然被

① 《楚辞·渔父》。

他们所惑，将屈原放逐到汉北去。张仪便劝怀王和齐国绝交，说秦国答应割地六百里。楚和齐绝了交，张仪却说答应的是六里。怀王大怒，便举兵伐秦，不料大败而归。这时候想起屈原来了，将他召回，教他出使齐国。亲齐派暂时抬头。但是亲秦派不久又得势。怀王终于让秦国骗了去，拘留着，就死在那里。这件事是楚人最痛心的，屈原更不用说了。可是怀王的儿子顷襄王，却还是听亲秦派的话，将他二次放逐到江南去。他流浪了九年，秦国的侵略一天紧似一天；他不忍亲见亡国的惨象，又想以一死来感悟顷襄王，便自沉在汨罗江里。（《卜居》中有一段文字很有名，表达了屈原含冤受辱的悲愤，即“世溷浊而不清：蝉翼为重，千钧为轻；黄钟毁弃，瓦釜雷鸣；谗人高张，贤士无名。吁嗟默默兮，谁知吾之廉贞”。大意是：秋蝉的翅膀说是重，千钧（一钧为三十斤）的担子反说轻；合律的黄钟竟被毁弃，黏土做的锅子声如雷鸣；谗人嚣张跋扈，贤士隐姓埋名。我只能默默地哀叹，谁知道我的廉洁坚贞！）

《楚辞》中《离骚》和《九章》的各篇，都是他放逐时候所作。《离骚》尤其是千古流传的杰构。这一篇大概是二次被放时作的。他感念怀王的信任，却恨他糊涂，让一群小人蒙蔽着，播弄着。而顷襄王又不能觉悟；以致国土日削，国势日危。他自己呢，“信而见疑，忠而被谤”[①]，简直走投无路；满腔委屈，千端万绪的，没人可以诉说。终于只能告诉自己的一支笔，《离骚》便是这样写成的。“离骚”是“别愁”或“遭忧”的意思[②]。他是个富于感情的人，那一腔遏抑不住的悲愤，随着他的笔奔迸出来，“东一句，西一句，天上一句，地下一句”[③]，只是一片一段的，没有篇章可言。这和人在疲倦或苦痛的时候，叫“妈呀！”“天

① 《史记·屈原传》。

② 王逸《离骚经序》，班固《离骚赞序》。

③ 刘熙载《艺概》中《赋概》。

哪！”一样；心里乱极了，闷极了，叫叫透一口气，自然是顾不到什么组织的。

篇中陈说唐、虞、三代的治，桀、纣、羿、浇的乱，善恶因果，历历分明；用来讽刺当世，感悟君王。他又用了许多神话里的譬喻和动植物的譬喻，委曲地表达出他对于怀王的忠爱，对于贤人君子的向往，对于群小的深恶痛疾。他将怀王比作美人，他是“求之不得”“辗转反侧”；情辞凄切，缠绵不已。他又将贤臣比作香草。“美人香草”从此便成为政治的譬喻，影响后来解诗、作诗的人很大。汉淮南王刘安作《离骚传》说：“《国风》好色而不淫，《小雅》怨诽而不乱，若《离骚》者，可谓兼之矣。”[①]“好色而不淫”似乎就指美人香草用作政治的譬喻而言；“怨诽而不乱”是怨而不怒的意思。虽然我们相信《国风》的男女之辞并非政治的譬喻，但断章取义，淮南王的话却是《离骚》的确切评语。

《九章》的各篇原是分立的，大约汉人才合在一起，给了“九章”的名字。这里面有些是屈原初次被放时作的，有些是二次被放时作的。差不多都是“上以讽谏，下以自慰”[②]；(《九章》大体记录了屈原在楚怀王时被疏，以及离开楚都回汉北楚三户之封邑，及因联齐被召回，再到楚顷襄王时被驱逐而至江南流浪的旅程。) 引史事，用譬喻，也和《离骚》一样。《离骚》里记着屈原的世系和生辰，这几篇里也记着他放逐的时期和地域；这些都可以算是他的自叙传。他还作了《九歌》《天问》《远游》《招魂》等，却不能算自叙传，也“不皆是怨君”[③]；后世都说成怨君，便埋没了他的别一面的出世观了。他其实也是一“子”，也是一家之学。这可以说是神仙家，出于巫。《离骚》里说到周游上下四方，驾车的动物，驱使的役夫，都是神话里的。《远游》更全是说的周游上下四方的乐处。这种游仙的境界，便是

---

① 《史记·屈原传》。

② 王逸《楚辞章句序》。

③ 《朱子语类》一四〇。

神仙家的理想。

《远游》开篇说："悲时俗之迫厄兮，愿轻举而远游。"篇中又说："临不死之旧乡"。人间世太狭窄了，也太短促了，人是太不自由自在了。（"生者百岁，相去几何？欢乐苦短，忧愁实多"，而真正永恒不灭的只有"孰不有古，南山峨峨"，因此人世间的诸多挫折会将诗人推向永恒的天地自然。）神仙家要无穷大的空间，所以要周行无碍；要无穷久的时间，所以要长生不老。他们要打破现实的、有限的世界，用幻想创出一个无限的世界来。在这无限的世界里，所有的都是神话里的人物；有些是美丽的，也有些是丑怪的。《九歌》里的神大都可爱；（如《少司命》中的神执掌人间子嗣及儿童命运，美丽、温柔、善良、圣洁，充满慈爱，手挥大帚，横扫奸凶，为民除害。）《招魂》里一半是上下四方的怪物，说得顶怕人的，可是一方面也奇诡可喜。因为注意空间的扩大，所以对于天地、山川、日月、星辰在在都有兴味。《天问》里许多关于天文地理的疑问，便是这样来的。一面惊奇天地之广大，一面也惊奇人事之诡异——善恶因果，往往有不相应的；《天问》里许多关于历史的疑问，便从这里着眼。这却又是他的入世观了。

要达到游仙的境界，须要"虚静以恬愉""无为而自得"，还须导引养生的修炼功夫，这在《远游》里都说了。屈原受庄学的影响极大。这些都是庄学；周行无碍，长生不老，以及神话里的人物，也都是庄学。但庄学只到"我"与自然打成一片而止，并不想创造一个无限的世界；神仙家似乎比庄学更进了一步。神仙家也受阴阳家的影响；阴阳家原也讲天地广大，讲禽兽异物的。阴阳家是齐学。齐国滨海，多有怪诞的思想。屈原常常出使到那里，所以也沾了齐气。还有齐人好"隐"。"隐"是"遁词以隐意，谲譬以指事"[①]，是用一种滑稽的态度来

① 《文心雕龙·谐隐》篇。

讽谏。淳于髡可为代表。楚人也好“隐”。屈原是楚人，而他的思想又受齐国的影响，他爱用种种政治的譬喻，大约也不免沾点齐气。但是他不取滑稽的态度，他是用一副悲剧面孔说话的。《诗大序》所谓“谲谏”，所谓“言之者无罪，闻之者足以戒”，倒是合适的说明。至于像《招魂》里的铺张排比，也许是纵横家的风气。

《离骚》各篇多用“兮”字足句，句读以参差不齐为主。（简要介绍《离骚》语句的特点。“兮”等语助词多种方式的使用，促成了句式的变化，适合于不同情绪和语气的表达。）“兮”字足句，三百篇中已经不少；句读参差，也许是“南音”的发展。“南”本是南乐的名称；三百篇中的二《南》，本该与《风》《雅》《颂》分立为四。二《南》是楚诗，乐调虽已不能知道，但和《风》《雅》《颂》必有异处。从二《南》到《离骚》，现在只能看出句读由短而长、由齐而畸的一个趋势；这中间变迁的轨迹，我们还能找到一些，总之，绝不是突如其来的。这句读的发展，大概多少有音乐的影响。从《汉书·王褒传》可以知道楚辞的诵读是有特别的调子的①，这正是音乐的影响。屈原诸作奠定了这种体制，模拟的日见其多。就中最出色的是宋玉，他作了《九辩》。宋玉传说是屈原的弟子；《九辩》的题材和体制都模拟《离骚》和《九章》，算是代屈原说话，不过没有屈原那样激切罢了。宋玉自己可也加上一些新思想；他是第一个描写“悲秋”的人。还有个景差，据说是《大招》的作者；《大招》是模拟《招魂》的。

到了汉代，模拟《离骚》的更多，东方朔、王褒、刘向、王逸都走着宋玉的路。（《离骚》对后世影响很大，自汉高祖刘邦建汉之初至汉武帝初年的辞赋，主要是继承《楚辞》传统，流行的是模拟《离骚》体制的骚体赋。）大概武帝时候最盛，以后就渐

① 《汉书·王褒传》：“宣帝时……征能为楚辞，九江被公召见诵读。”

渐地差了。汉人称这种体制为“辞”，又称为“楚辞”。刘向将这些东西编辑起来，成为《楚辞》一书。东汉王逸给作注，并加进自己的拟作，叫作《楚辞章句》。北宋洪兴祖又作《楚辞补注》。《章句》和《补注》合为《楚辞》标准的注本。但汉人又称《离骚》等为“赋”。《史记·屈原传》说他“作《怀沙》之赋”;《怀沙》是《九章》之一，本无“赋”名。《传》尾又说:“宋玉、唐勒、景差之徒，皆好辞而以赋见称。”《汉书·艺文志·诗赋略》列“屈原赋二十五篇”，就是《离骚》等。大概“辞”是后来的名字，专指屈、宋一类作品；赋虽从辞出，却是先起的名字，在未采用“辞”的名字以前，本包括“辞”而言。所以浑言称“赋”，称“辞赋”，分言称“辞”和“赋”。后世引述屈、宋诸家，只通称“楚辞”，没有单称“辞”的。但却有称“骚”“骚体”“骚赋”的，这自然是《离骚》的影响。

荀子的《赋》篇最早称“赋”。（由“辞”自然而然转到对“赋”的讨论。）篇中分咏“礼”“知”“云”“蚕”“箴”（针）五件事物，像是谜语；其中颇有讽世的话，可以说是“隐”的支流余裔。荀子久居齐国的稷下，又在楚国做过县令，死在那里。他的好“隐”，也是自然的。《赋》篇总题分咏，自然和后来的赋不同，但是安排客主，问答成篇，却开了后来赋家的风气。荀赋和屈辞原来似乎各是各的；这两体的合一，也许是在贾谊手里。贾谊是荀卿的再传弟子，他的境遇却近于屈原，又久居屈原的故乡；很可能的，他模拟屈原的体制，却袭用了荀卿的“赋”的名字。（汉文帝四年（前176），贾谊被贬为长沙王吴差的太傅。在当时中原人的眼中，长沙是蛮荒僻远之地，而且诸侯王太傅也没有实际处理政务的权力。在南下渡湘水，经过屈原放逐之地时，贾谊触景生情，写下了《吊屈原赋》。）这种赋日渐发展，屈原诸作也便被称为“赋”；“辞”的名字许是后来因为拟作多了，才分化出来，作为此体的专称的。辞本是“辩解的言语”的意思，用来称屈、宋诸家所作，倒也并无不合之处。

《汉书·艺文志·诗赋略》分赋为四类。“杂赋”十二家是总集，可以不论。屈原以下二十家，是言情之作。陆贾以下二十一家，已佚，大概近于纵横家言。就中“陆贾赋三篇”，在贾谊之先；但作品既不可见，是他自题为赋，还是后人追题，不能知道，只好存疑了。荀卿以下二十五家，大概是叙物明理之作。这三类里，贾谊以后各家，多少免不了屈原的影响，但已渐有散文化的趋势；第一类中的司马相如便是创始的人。托为屈原作的《卜居》《渔父》，通篇散文化，只有几处用韵，似乎是《庄子》和荀赋的混合体制，又当别论。散文化更容易铺张些。“赋”本是“铺”的意思，铺张倒是本来面目。可是铺张的作用原在讽谏；这时候却为铺张而铺张，所谓“劝百而讽一”[①]。（据说，司马相如作《大人赋》本是讽谏汉武帝好神仙方术的，但武帝读后，反而“飘飘有凌云之气，似游天地之间意”。过于重视铺张华丽文辞的文章往往头重脚轻，不能起到劝诫君主的效果，反而适得其反，让君主越发沉浸在奢靡的生活中。）当时汉武帝好辞赋，作者极众，争相竞胜，所以致此。扬雄说“诗人之赋丽以则，辞人之赋丽以淫”[②]；“诗人之赋”便是前者，“辞人之赋”便是后者。甚至有诙谐嫚戏、毫无主旨的。难怪辞赋家会被人鄙视为倡优了。

东汉以来，班固作《两都赋》，“极众人之所眩曜，折以今之法度”[③]；张衡仿他作《二京赋》。晋左思又仿作《三都赋》。这种赋铺叙历史地理，近于后世的类书；是陆贾、荀卿两派的混合，是散文的更进一步。这和屈、贾言情之作却迥不相同了。此后赋体渐渐缩短，字句却整炼起来。那时期一般诗文都趋向排偶化，赋先是领着走，后来是跟着走；作赋专重写景述情，务求精巧，不再用来讽

① 《汉书·司马相如传赞》引扬雄语。

② 《法言·吾子》篇。

③ 《两都赋序》。

谏。这种赋发展到齐、梁、唐初为极盛，称为“俳体”的赋[1]。“俳”是游戏的意思，对讽谏而言；其实这种作品倒也并非滑稽嫚戏之作。唐代古文运动起来，宋代加以发挥光大，诗文不再重排偶而趋向散文化，赋体也变了。（唐宋古文运动是指唐代中叶及北宋时期以提倡平易自然的古文、反对华而不实的骈文为特点的文体改革运动。“唐宋八大家”就是改革文风的代表人物。）像欧阳修的《秋声赋》，苏轼的前后《赤壁赋》，虽然有韵而全篇散行，排偶极少，比《卜居》《渔父》更其散文的。这称为“文体”的赋[2]。唐、宋两代，以诗赋取士，规定程式。那种赋定为八韵，调平仄，讲对仗；制题新巧，限韵险难。这只是一种技艺罢了。这称为“律赋”。对“律赋”而言，“俳体”和“文体”的赋都是“古赋”；这“古赋”的名字和“古文”的名字差不多，真正“古”的如屈、宋的辞，汉人的赋，倒是不包括在内的。赋似乎是我国特有的体制，虽然有韵，而就它全部的发展看，却与文近些，不算是诗。

参考资料

游国恩：《读骚论微初集》。

---

① “俳体”“文体”的名称，见元祝尧：《古赋辨体》。

② 同上。

诗第十二

汉武帝立乐府，采集代、赵、秦、楚的歌谣和乐谱；教李延年做协律都尉，负责整理那些歌辞和谱子，以备传习唱奏。当时乐府里养着各地的乐工好几百人，大约便是演奏这些乐歌的。（汉乐府诗歌的起源。）歌谣采来以后，他们先审查一下。没有谱子的，便给制谱；有谱子的，也得看看合适不合适，不合适的地方，便给改动一些。这就是“协律”的工作。歌谣的“本辞”合乐时，有的保存原来的样子，有的删节，有的加进些复沓的甚至不相干的章句。“协律”以乐为主，只要合调；歌辞通不通，他们是不大在乎的。他们有时还在歌辞里夹进些泛声；“辞”写大字，“声”写小字。但流传久了，声辞混杂起来，后世便不容易看懂了。这种种乐歌，后来称为“乐府诗”，简称就叫“乐府”。北宋太原郭茂倩收集汉乐府以下历代合乐的和不合乐的歌谣，以及模拟之作，成为一书，题作《乐府诗集》；他所谓“乐府诗”，范围是很广的。就中汉乐府，沈约《宋书·乐志》特称为“古辞”。

汉乐府的声调和当时称为“雅乐”的三百篇不同，所采取的是新调子。这种新调子有两种：“楚声”和“新声”。屈原的辞可为楚声的代表。汉高祖是楚人，喜欢楚声；楚声比雅乐好听。一般人不用说也是喜欢楚声的。楚声便成了风气。武帝时乐府所采的歌谣，楚以外虽然还有代、赵、秦各地的，但声调也许差不很多。那时却又输入了新声；新声出于西域和北狄的军歌。李延年多采取这种调子唱奏歌谣，从此大行，楚声便让压下去了。楚声的句调比较雅乐参差得多，新声的更比楚声参差得多。可是楚声里也有整齐的五言，楚调曲里各篇更全然如此，像著名的《白头吟》《梁甫吟》《怨歌行》都是的[①]。这就是五言诗的源头。

汉乐府以叙事为主。所叙的社会故事和风俗最多，历史及游仙的故事也占一部分。此外便是男女相思和离别之作、格言式的教训、人生的慨叹等等。这些都是一般人所喜欢的题材。用一般人所喜欢的调子，歌咏一般人所喜欢的题材，自然可以风靡一世。哀帝即位，却以为这些都是不正经的乐歌，他废了乐府，裁了多一半乐工——共四百四十一人——大概都是唱奏各地乐歌的。当时颇想恢复雅乐，但没人懂得，只好罢了。不过一般人还是爱好那些乐歌。这风气直到汉末不变。东汉时候，这些乐歌已经普遍化，文人仿作的渐多；就中也有仿作整齐的五言的，像班固《咏史》。但这种五言的拟作极少；而班固那一首也未成熟，钟嵘在《诗品序》里评为“质木无文”，是不错的。直到汉末，一般文体都走向整炼一路，试验这五言体的便多起来；而最高的成就是《文选》所录的《古诗十九首》。

旧传最早的五言诗，是《古诗十九首》和苏武、李陵诗；说“十九首”里有七首是枚乘作的，和苏、李诗都出现于汉武帝时代。但据近来的研究，这十九首古诗实在都是汉末的作品；苏、李诗虽题了苏、李的名字，却不合于他们的事迹，从风格上看，大约也和“十九首”出现在差不多的时候，这十九首古诗并非一人之作，也非一时之作，但都模拟言情的乐府。歌咏的多是相思离别，以及人生无常当及时行乐的意思；也有对于邪臣当道、贤人放逐、朋友富贵相忘、知音难得等事的慨叹。（“行行重行行，与君生别离”“人生天

① 以上参用朱希祖《汉三大乐府调辨》（《清华学报》四卷二期）说。

地间，忽如远行客”“生年不满百，常怀千岁忧”等我们耳熟能详的句子其实都出自《古诗十九首》，它们用平易朴实的语言表达深切真挚的情感，因此能跨越千年的距离使我们产生共鸣。）这些都算是普遍的题材；但后一类是所谓“失志”之作，自然兼受了《楚辞》的影响。钟嵘评古诗，“可谓几乎一字千金”；因为所咏的几乎是人人心中所要说的，却不是人人口中、笔下所能说的，而又能够那样平平说出，曲曲说出，所以是好。“十九首”只像对朋友说家常话，并不在字面上用功夫，而自然达意，委婉尽情，合于所谓“温柔敦厚”的诗教①。到唐为止，这是五言诗的标准。

汉献帝建安年间（西元196—219），文学极盛，曹操和他的儿子曹丕、曹植两兄弟是文坛的主持人；而曹植更是个大诗家。这时乐府声调已多失传，他们却用乐府旧题，改作新词；曹丕、曹植兄弟尤其努力在五言体上。他们一班人也作独立的五言诗。叙游宴，述恩荣，开后来应酬一派。但只求明白诚恳，还是歌谣本色。就中曹植在曹丕做了皇帝之后，颇受猜忌，忧患的情感，时时流露在他的作品里。诗中有了“我”，所以独成大家。这时候五言作者既多，开始有了工拙的评论；曹丕说刘桢“五言诗之善者，妙绝时人”②，便是例子。但真正奠定了五言诗的基础的是魏代的阮籍，他是第一个用全力作五言诗的人。

阮籍是老、庄和屈原的信徒。他生在魏、晋交替的时代，眼见司马氏三代专权，欺负曹家，压迫名士，一肚皮牢骚只得发泄在酒和诗里。（阮籍的穷途之哭也是很有名的典故。黑暗的政治斗争让诗人迫不得已选择一种郁愤不平、放浪形骸的人生态度。）他作了《咏怀诗》八十多首，述神话，引史事，叙艳情，托于鸟兽草木之名，主旨不外说富贵不能常保，祸患随时可至，年岁有限，一般人钻在利禄的

---

① “诗教”见《礼记·经解》。

② 《与吴质书》。

圈子里，不知放怀远大，真是可怜之极。他的诗充满了这种悲悯的情感，“忧思独伤心”①一句可以表现。这里《楚辞》的影响很大；钟嵘说他“源出于《小雅》”，似乎是皮相之谈。本来五言诗自始就脱不了《楚辞》的影响，不过他尤其如此。他还没有用心琢句；但语既浑括，譬喻又多，旨趣更往往难详。这许是当时的不得已，却因此增加了五言诗文人化的程度。他是这样扩大了诗的范围，正式成立了抒情的五言诗。

晋代诗渐渐排偶化、典故化。就中左思的《咏史》诗、郭璞的《游仙诗》，也取法《楚辞》，借古人及神仙抒写自己的怀抱，为后世所宗。郭璞是东晋初的人。跟着就流行了一派玄言诗。孙绰、许询是领袖。他们作诗，只是融化老、庄的文句，抽象说理，所以钟嵘说像“道德论”②。这种诗千篇一律，没有“我”；《兰亭集诗》各人所作四言、五言各一首，都是一个味儿，正是好例。但在这种影响下，却孕育了陶渊明和谢灵运两个大诗人。陶渊明，浔阳柴桑人，做了几回小官，觉得做官不自由，终于回到田园，躬耕自活。他也是老、庄的信徒，从躬耕里领略到自然的恬美和人生的道理。他是第一个将田园生活描写在诗里的人。他的躬耕免祸的哲学也许不是新的，可都是他从现实生活里体验得来的，与口头的玄理不同，所以亲切有味。（陶渊明的“死去何足道，托体同山阿”便表现出了一种面对生死的豁达从容。）诗也不妨说理，但须有理趣，他的诗能够作到这一步。他作诗也只求明白诚恳，不排不典；他的诗是散文化的。这违反了当时的趋势，所以《诗品》只将他放在中品里。但他后来却成了千古“隐逸诗人之宗”③。

谢灵运，宋时做到临川太守。他是有政治野心的，可是不得志。他不但是

① 《咏怀》第一首。

② 《诗品序》。

③ 《诗品》论陶语。

老、庄的信徒，也是佛的信徒。他最爱游山玩水，常常领了一群人到处探奇访胜；他的自然的哲学和出世的哲学教他沉溺在山水的清幽里。他是第一个在诗里用全力刻画山水的人；他也可以说是第一个用全力雕琢字句的人。他用排偶，用典故，却能创造新鲜的句子；不过描写有时不免太繁重罢了。他在赏玩山水的时候，也常悟到一些隐遁的、超旷的人生哲理；但写到诗里，不能和那精巧的描写打成一片，像硬装进去似的。这便不如陶渊明的理趣足，但比那些"道德论"自然高妙得多。陶诗教给人怎样赏味田园，谢诗教给人怎样赏味山水；他们都是发现自然的诗人。陶是写意，谢是工笔。谢诗从制题到造句，无一不是工笔。他开了后世诗人着意描写的路子；他所以成为大家，一半也在这里。（谢灵运的"池塘生春草，园柳变鸣禽"表现出了诗人在病愈之后忽而感受到冬去春来小园中萌发的勃勃生机，诗人对于字词的把控十分精妙。这也能看出"工笔"的效果。）

齐武帝永明年间（西元 483—493），"声律说"大盛。四声的分别，平仄的性质，双声叠韵的作用，都有人指出，让诗文作家注意。从前只着重句末的韵，这时更着重句中的"和"；"和"就是念起来顺口，听起来顺耳。从此诗文都力求谐调，远于语言的自然。这时的诗，一面讲究用典，一面讲究声律，不免侧重技巧的毛病。到了梁简文帝，又加新变，专咏艳情，称为"宫体"，诗的境界更狭窄了。这种形式与题材的新变，一直影响到唐初的诗。这时候七言的乐歌渐渐发展。汉、魏文士仿作乐府，已经有七言的，但只零星偶见，后来舞曲里常有七言之作。到了宋代，鲍照有《行路难》十八首，人生的感慨颇多，和舞曲描写声容的不一样，影响唐代的李白、杜甫很大。但是梁以来七言的发展，却还跟着舞曲的路子，不跟着鲍照的路子。这些都是宫体的谐调。

唐代谐调发展，成立了律诗绝句，称为近体；不是谐调的诗，称为古体；又成立了古、近体的七言诗。古体的五言诗也变了格调。这些都是划时代的。初唐时候，大体上还继续着南朝的风气，辗转在艳情的圈子里。但是就在这时候，沈佺期、宋之问奠定了律诗的体制。南朝论声律，只就一联两句说；沈、宋却能看出谐调有四种句式。两联四句才是谐调的单位，可以称为周期。这单位后来写成“仄仄平平仄，平平仄仄平，平平平仄仄，仄仄仄平平”的谱。沈、宋在一首诗里用两个周期，就是重叠一次；这样，声调便谐和富厚，又不致单调。这就是八句的律诗。律有“声律”“法律”两义。律诗体制短小，组织必须经济，才能发挥它的效力；“法律”便是这个意思。但沈、宋的成就只在声律上，“法律”上的进展，还等待后来的作家。

宫体诗渐渐有人觉得腻味了；陈子昂、李白等说这种诗颓靡浅薄，没有价值。（李白曾评价建安以来日益走向雕琢词句的诗风“大雅久不作，吾衰竟谁陈？正声何微茫，哀怨起骚人。自从建安来，绮丽不足珍”。）他们不但否定了当时古体诗的题材，也否定了那些诗的形式。他们的五言古体，模拟阮籍的《咏怀》，但是失败了。一般作家却只大量地仿作七言的乐府歌行，带着多少的排偶与谐调。当时往往就这种歌行里截取谐调的四句入乐奏唱。可是李白更撇开了排偶和谐调，作他的七言乐府。李白，蜀人，明皇时做供奉翰林；触犯了杨贵妃，不能得志。（关于李白有很多傲视权贵的奇闻轶事，比如在《今古奇观》里就有一篇故事，记录了李白的才华令天子折服，因此特赐杨国忠捧砚、高力士脱靴。）他是个放浪不羁的人，便辞了职，游山水，喝酒，作诗。他的乐府很多，取材很广；他是借着乐府旧题来抒写自己生活的。他的生活态度是出世的；他作诗也全任自然。人家称他为“天上谪仙人”①；这说明了他的人和他的诗。他的歌行增进了七言诗的价值；但他的绝句更代表着新制。绝句是五言或七言的四句，大多数是谐调。南北朝民歌中，五言四句的

① 原是贺知章语，见《旧唐书·李白传》。

谐调最多，影响了唐人；南朝乐府里也有七言四句的，但不太多。李白和别的诗家纷纷制作，大约因为当时输入的西域乐调宜于这体制，作来可供宫廷及贵人家奏唱。绝句最短小，贵含蓄，忌说尽。李白所作，自然而不觉费力，并且暗示着超远的境界；他给这新体诗立下了一个标准。（对李白诗歌艺术特点的评价。）

但是真正继往开来的诗人是杜甫。他是河南巩县人。安禄山陷长安，肃宗在灵武即位，他从长安逃到灵武，做了“左拾遗”的官，因为谏救房琯，被放了出去。那时很乱，又是荒年，他辗转流落到成都，依靠故人严武，做到“检校工部员外郎”，所以后来称为杜工部。他在蜀中住了很久。严武死后，他避难到湖南，就死在那里。他是儒家的信徒，“致君尧舜上，再使风俗淳”① 是他的素志。又身经乱离，亲见了民间疾苦。他的诗努力描写当时的情形，发抒自己的感想。唐代以诗取士，诗原是应试的玩意儿；诗又是供给乐工歌妓唱了去伺候宫廷及贵人的玩意儿。李白用来抒写自己的生活，杜甫用来抒写那个大时代，诗的领域扩大了，价值也增高了。而杜甫写“民间的实在痛苦，社会的实在问题，国家的实在状况，人生的实在希望与恐惧”②，更给诗开辟了新世界。（杜甫诗风沉郁顿挫，李白诗风豪迈飘逸，风格鲜明，花开两朵，各表一枝。）

他不大仿作乐府，可是他描写社会生活正是乐府的精神；他的写实的态度也是从乐府来的。他常在诗里发议论，并且引证经史百家；但这些议论和典故都是通过了他的满腔热情奔迸出来的，所以还是诗。他这样将诗历史化和散文化；他这样给诗创造了新语言。古体的七言诗到他手里正式成立；古体的五言诗到他手里变了格调。从此“温柔敦厚”之外，又开了“沉着痛快”一派③。五言律诗，王

① 杜甫：《奉赠韦左丞丈二十二韵》。

② 胡适：《白话文学史》。

③ 《沧浪诗话》说诗“大概有二：曰优游不迫，曰沉着痛快”。“优游不迫”就是“温柔敦厚”。

维、孟浩然已经不用来写艳情而用来写山水；杜甫却更用来表现广大的实在的人生。他的七言律诗也是如此。他作律诗很用心在组织上。他的五言律诗最多，差不多穷尽了这体制的变化。他的绝句直述胸怀，嫌没有余味；但那些描写片段生活印象的，却也不缺少暗示的力量。他也能欣赏自然，晚年所作，颇有清新的刻画的句子。他又是个有谐趣的人，他的诗往往透着滑稽的风味。但这种滑稽的风味和他的严肃的态度调和得那样恰到好处，一点也不至于减损他和他的诗的身份。

杜甫的影响直贯到两宋时代；没有一个诗人不直接、间接学他的，没有一个诗人不发扬光大他的。（杜甫也是学习前辈诗人，博采众长，他曾有诗言“别裁伪体亲风雅，转益多师是吾师”。）古文家韩愈，跟着他将诗进一步散文化，而又造奇喻，押险韵，铺张描写，像汉赋似的。他的诗逞才使气，不怕说尽，是“沉着痛快”的诗。后来有元稹、白居易二人在政治上都升沉了一番；他们却继承杜甫写实的表现人生的态度。他们开始将这种态度理论化；主张诗要“上以补察时政，下以泄导人情”，“嘲风雪，弄花草”是没有意义的[①]。（白居易的《卖炭翁》和《琵琶行》都是触及生民疾苦的诗歌名篇。）他们反对雕琢字句，主张诚实自然。他们将自己的诗分为“讽谕”的和“非讽谕”的两类。他们的诗却容易懂，又能道出人人心中的话，所以雅俗共赏，一时风行。当时最流传的是他们新创的谐调的七言叙事诗，所谓“长庆体”的，还有社会问题诗。

晚唐诗向来推李商隐、杜牧为大家。李一生辗转在党争的影响中，他和温庭筠并称；他们的诗又走回艳情一路。他们集中力量在律诗上，用典精巧，对偶整切。但李学杜、韩，器局较大；他的艳情诗有些实在是政治的譬喻，实在是感时伤事之作。所以地位在温之上。杜牧做了些小官儿，放荡不羁，而很负盛名，

① 白居易:《与元九（稹）书》。

人家称为小杜——老杜是杜甫。他的诗词采华艳，却富有纵横气，又和温、李不同。然而都可以归为绮丽一派。这时候别的诗家也集中力量在律诗上。一些人专学张籍、贾岛的五言律，这两家都重苦吟，总琢磨着将平常的题材写得出奇，所以思深语精，别出蹊径。（“吟安一个字，捻断数茎须”，作诗炼字之苦可见一斑。）但是这种诗写景有时不免琐屑，写情有时不免偏僻，便觉不大方。这是僻涩一派。另一派出于元、白，作诗如说话，嬉笑怒骂，兼而有之，又时时杂用俗语。这是粗豪一派[①]。这些其实都是杜甫的鳞爪，也都是宋诗的先驱；绮丽一派只影响宋初的诗，僻涩、粗豪两派却影响了宋一代的诗。

宋初的诗专学李商隐；末流只知道典故对偶，真成了诗玩意儿。王禹偁独学杜甫，开了新风气。欧阳修、梅尧臣接着发现了韩愈，起始了宋诗的散文化。欧阳修曾遭贬谪；他是古文家。梅尧臣一生不得志。欧诗虽学韩，却平易疏畅，没有奇险的地方。梅诗幽深淡远，欧评他“譬如妖韶女，老自有余态”“初如食橄榄，真味久愈在”[②]。宋诗散文化，到苏轼而极。他是眉州眉山（今四川眉山）人。因为攻击王安石的新法，一辈子升沉在党争中。他将禅理大量地放进诗里，开了一个新境界。他的诗气象宏阔，铺叙宛转，又长于譬喻，真到用笔如舌的地步；但不免“掉书袋”的毛病。他门下出了一个黄庭坚，是第一个有意地讲究诗的技巧的人。他是洪州分宁（今江西修水）人，也因党争的影响，屡遭贬谪，终于死在贬所。他作诗着重锻炼，着重句律；句律就是篇章字句的组织与变化。他开了江西诗派。（是我国文学史上第一个有正式名称的诗文派别，该流派崇尚黄庭坚的点铁成金、脱胎换骨之说，作诗风格以吟咏书斋生活为主，重视文字的推敲技巧，风格峭拔、瘦硬。）

① 以上参用胡小石《中国文学史》（上海人文社版）说。

② 《水谷夜行寄子美圣俞》。

刘克庄《江西诗派小序》说他“荟萃百家句律之长，究极历代体制之变，搜猎奇书，穿穴异闻，作为古律，自成一家；虽只字半句不轻出”。他不但讲究句律，并且讲究运用经史以至奇书异闻，来增富他的诗。这些都是杜甫传统的发扬光大。王安石已经提倡杜诗，但到黄庭坚，这风气才昌盛。黄还是继续将诗散文化，但组织得更经济些；他还是在创造那阔大的气象，但要使它更富厚些。他所求的是新变。他研究历代诗的利病，将作诗的规矩得失，指示给后学，教他们知道路子，自己去创造，发展到变化不测的地步。所以能够独开一派。他不但创新，还主张点化陈腐以为新；创新需要大才，点化陈腐，中才都可勉力作去。他不但能够“以故为新”，并且能够“以俗为雅”。其实宋诗都可以说是如此，不过他开始有意地运用这两个原则罢了。他的成就尤其在七言律上；组织固然更精密，音调也谐中有拗，使每个字都斩绝地站在纸面上，不至于随口滑过去。（比如“投荒万死鬓毛斑，生出瞿塘滟滪关。未到江南先一笑，岳阳楼上对君山”，全诗文字利落简洁，表现出了九死一生后轻舟已过万重山的豁达潇洒，见之难忘。）

南宋的三大诗家都是从江西派变化出来的。杨万里为人有气节；他的诗常常变格调。写景最工；新鲜活泼的譬喻，层见叠出，而且不碎不僻，能从大处下手。写人的情意，也能铺叙纤悉，曲尽其妙；所谓“笔端有口，句中有眼”[①]。他作诗只是自然流出，可是一句一转，一转一意；所以只觉得熟，不觉得滑。（杨万里的诗常常能将人们习以为常的事物写出令人耳目一新的效果，正是“别眼看天工”。）不过就全诗而论，范围究竟狭窄些。范成大是个达官。他是个自然诗人，清新中兼有拗峭。陆游是个爱君爱国的诗人。吴之振《宋诗钞》说他学杜而能得杜的心。他的诗有两种：一种是感激豪宕，沉郁深婉之作；一种是流连光景，清新刻

① 周必大跋杨诚斋诗语。

露之作。他作诗也重真率，轻“藻绘”，所谓“文章本天成，妙手偶得之”[①]。他活到八十五岁，诗有万首；最熟于诗律，七言律尤为擅长——宋人的七言律实在比唐人进步。

向来论诗的对于唐以前的五言古诗，大概推尊，以为是诗的正宗；唐以后的五言古诗，却说是变格，价值差些，可还是诗。诗以“吟咏情性”[②]，该是“温柔敦厚”的。按这个界说，齐、梁、陈、隋的五言古诗其实也不够格，因为题材太小，声调太软，算不得“敦厚”。七言歌行及近体成立于唐代，却只能以唐代为正宗。宋诗议论多，又一味刻画，多用俗语，拗折声调。他们说这只是押韵的文，不是诗。但是推尊宋诗的却以为天下事物穷则变，变则通，诗也是如此。变是创新，是增扩，也就是进步。若不容许变，那就只有模拟，甚至只有抄袭；那种“优孟衣冠”，甚至土偶木人，又有什么意义可言！即如模拟所谓盛唐诗的，末流往往只剩了空廓的架格和浮滑的声调；要是再不变，诗道岂不真穷了？所以诗的界说应该随时扩展；“吟咏情性”“温柔敦厚”诸语，也当因历代的诗辞而调整原语的意义。诗毕竟是诗，无论如何地扩展与调整，总不会与文混合为一的。诗体正变说起于宋代，唐、宋分界说起于明代；其实，历代诗各有胜场，也各有短处，只要知道新、变，便是进步，这些争论是都不成问题的。

---

① 陆游:《文章诗》。

② 《诗大序》。

文第十三

现存的中国最早的文，是商代的卜辞。（“文”的起源。）这只算是些句子，很少有一章一节的。后来《周易》卦爻辞和鲁《春秋》也是如此，不过经卜官和史官按着卦爻与年月的顺序编纂起来，比卜辞显得整齐些罢了。便是这样，王安石还说鲁《春秋》是“断烂朝报”①。所谓“断”，正是不成片段、不成章节的意思。卜辞的简略大概是工具的缘故；在脆而狭的甲骨上用刀笔刻字，自然不得不如此。卦爻辞和鲁《春秋》似乎没有能够跳出卜辞的氛围去，虽然写在竹木简上，自由比较多，却依然只跟着卜辞走。《尚书》就不同了。《虞书》《夏书》大概是后人追记，而且大部分是战国末年的追记，可以不论；但那几篇《商书》，即使有些是追记，也总在商、周之间。那不但有章节，并且成了篇，足以代表当时史的发展，就是叙述文的发展。而议论文也在这里面见了源头。卜辞是“辞”，《尚书》里大部分也是“辞”。这些都是官文书。

记言、记事的辞之外，还有讼辞。打官司的时候，原、被告的口供都叫作“辞”；辞原是“讼”的意思②，是辩解的言语。这种辞关系两造的利害很大，两造都得用心陈说；审判官也得用心听，他得公平地听两面儿的。这种辞也兼有叙述和议论；两造自己办不了，可以请教讼师。这至少是周代的情形。春秋时候，

① 宋周麟之跋孙觉《春秋经解》引王语。“朝报”相当于现在的政府公报。

② 《说文·辛部》。

列国交际频繁，外交的言语关系国体和国家的利害更大，不用说更需慎重了。这也称为“辞”，又称为“命”，又合称为“辞命”或“辞令”。郑子产便是个善于辞命的人。郑是个小国，他办外交，却能教大国折服，便靠他的辞命。他的辞引古为证，宛转而有理，他的态度却坚强不屈。孔子赞美他的辞，更赞美他的“慎辞”[①]。孔子说当时郑国的辞命，子产先教裨谌创意起草，交给世叔审查，再教行人子羽修改，末了儿他再加润色[②]。他的确是很慎重的。辞命得“顺”，就是宛转而有理；还得“文”，就是引古为证。

孔子很注意辞命，他觉得这不是件易事，所以自己谦虚地说是办不了。但教学生却有这一科；他称赞宰我、子贡，擅长言语[③]，“言语”就是“辞命”。那时候言文似乎是合一的。辞多指说出的言语，命多指写出的言语；但也可以兼指。各国派使臣，有时只口头指示策略，有时预备下稿子让他带着走。这都是命。使臣受了命，到时候总还得随机应变，自己想说话，因为许多情形是没法预料的。当时言语，方言之外有“雅言”。“雅言”就是“夏言”，是当时的京话或官话。孔子讲学似乎就用雅言，不用鲁语[④]。卜、《尚书》和辞命，大概都是历代的雅言。讼辞也许不同些。雅言用得既多，所以每字都能写出，而写出的和说出的雅言，大体上是一致的。孔子说“辞”只要“达”就成[⑤]。辞是辞命，“达”是明白，辞多了像背书，少了说不明白，多少要恰如其分[⑥]。辞命的重要，代表议

---

① 均见《左传·襄公二十五年》。

② 《论语·宪问》。

③ 《论语·先进》。

④ 《论语·述而》：“子所雅言：《诗》、《书》、执礼，皆雅言也。”这里用刘宝楠《论语正义》的解释。

⑤ 《论语·卫灵公》：“子曰：辞达而已矣。”

⑥ 《仪礼·聘礼》：“辞多则史，少则不达，辞苟足以达，义之至也。”

论文的发展。

战国时代，游说之风大盛。游士立谈可以取卿相，所以最重说辞。（战国时的“游说之风”促进了议论文的发展。）他们的说辞却不像春秋的辞命那样从容宛转了。他们铺张局势，滔滔不绝，真像背书似的；他们的话，像天花乱坠，有时夸饰，有时诡曲，不问是非，只图激动人主的心。那时最重辩。墨子是第一个注意辩论方法的人，他主张“言必有三表”。“三表”是“上本之于古者圣王之事”“下原察百姓耳目之实”“废（发）以为刑政，观其中国家百姓人民之利”[①]；便是三个标准。不过他究竟是个注重功利的人，不大喜欢文饰，“恐人怀其文，忘其‘用’”，所以楚王说他“言多不辩”[②]。后来有了专以辩论为事的“辩者”，墨家这才更发展了他们的辩论方法，所谓《墨经》便成于那班墨家的手里。儒家的孟、荀也重辩。孟子说：“予岂好辩哉？予不得已也！”[③]荀子也说：“君子必辩。”[④]这些都是游士的影响。但道家的老、庄，法家的韩非，却不重辩。《老子》里说“信言不美，美言不信”[⑤]，“老学”所重的是自然。《庄子》里说“大辩不言”[⑥]，“庄学”所要的是神秘。韩非也注重功利，主张以法禁辩，说辩“生于上之不明”[⑦]。后来儒家作《易·文言传》，也道：“君子进德修业。忠信，所以进德也；修辞立其诚，所以居业也。”这不但是在暗暗地批评着游士好辩的风气，恐怕还在暗暗地批评着后来称为名家的“辩者”呢。《文言传》旧传是孔子所作，不足

① 《非命》上。
② 《韩非子·外储说左》上。
③ 《滕文公》下。
④ 《非相》篇。
⑤ 八十一章。
⑥ 《齐物论》。
⑦ 《问辩》。

信，但这几句话和“辞达”论倒是合拍的。

孔子开了私人讲学的风气，从此也便有了私家的著作。第一种私家著作是《论语》，却不是孔子自作而是他的弟子们记的他的说话。诸子书大概多是弟子们及后学者所记，自作的极少。《论语》以记言为主，所记的多是很简单的。孔子主张“慎言”，痛恨“巧言”和“利口”，（《论语》中有“巧言令色，鲜矣仁”。）他向弟子们说话，大概是很质直的，弟子们体念他的意思，也只简单地记出，到了墨子和孟子，可就铺排得多。《墨子》大约也是弟子们所记。《孟子》据说是孟子晚年和他的弟子公孙丑、万章等编定的，可也是弟子们记言的体制。那时是个“好辩”的时代。墨子虽不好辩，却也脱不了时代影响。孟子本是个好辩的人。记言体制的恢张，也是自然的趋势。这种记言是直接的对话。由对话而发展为独白，便是“论”。初期的论，言意浑括，《老子》可为代表；后来的《墨经》、《韩非子·储说》的经、《管子》的《经言》，都是这体制。再进一步，便是恢张的论，《庄子·齐物论》等篇以及《荀子》《韩非子》《管子》的一部分，都是的。群经诸子书里常常夹着一些韵句，大概是为了强调。后世的文也偶尔有这种例子。中国的有韵文和无韵文的界限，是并不怎样严格的。

还有一种“寓言”，借着神话或历史故事来抒论。《庄子》多用神话，《韩非子》多用历史故事，《庄子》有些神仙家言，《韩非子》是继承《庄子》的寓言而加以变化。战国游士的说辞也好用譬喻。譬喻成了风气，这开了后来辞赋的路。论是进步的体制，但还只以篇为单位，“书”的观念还没有。直到《吕氏春秋》，才成了第一部有系统的书[①]。这部书成于吕不韦的门客之手，有十二纪、八览、六论，共三十多万字。十二代表十二月，八是卦数，六是秦代的圣数，这

① 上节及本节参用傅斯年《战国文籍中之篇式书体》(《中央研究院语言历史研究所集刊》第一本第二分）说。

些数目是本书的间架，是外在的系统，并非逻辑的秩序，汉代刘安主编《淮南子》，才按照逻辑的秩序，结构就严密多了。自从有了私家著作，学术日渐平民化。著作越过越多，流传也越过越广。“雅言”便成了凝定的文体了。后世大体采用，言文渐渐分离。战国末期，“雅言”之外，原还有齐语、楚语两种有势力的方言[①]。但是齐语只在《春秋公羊传》里留下一些，楚语只在屈原“辞”里留下几个助词如“羌”“些”等；这些都让“雅言”压倒了。

伴随着议论文的发展，记事文也有了长足的进步。这里《春秋左氏传》是一座里程碑。(《春秋左氏传》是记事文有长足进步的“里程碑”。)在前有分国记言的《国语》，《左传》从它里面取材很多。那是铺排的记言，一面以《尚书》为范本，一面让当时记言体的恢张的趋势推动着，成了这部书。其中自然免不了记事的文字；《左传》便从这里出发，将那恢张的趋势表现在记事文里。那时游士的说辞也有人分国记载，也是铺排的记言，后来成为《战国策》那部书。《左传》是说明《春秋》的，是中国第一部编年史。它最长于战争的记载；它能够将千头万绪的战事叙得层次分明，它的描写更是栩栩如生。它的记言也异曲同工，不过不算独创罢了。它可还算不得一部有自己的系统的书；它的顺序是依着《春秋》的。《春秋》的编年并不是自觉的系统，而且“断如复断”，也不成一部“书”。

汉代司马迁的《史记》才是第一部有自己的系统的史书。他创造了“纪传”的体制。他的书包括十二本纪、十表、八书、三十世家、七十列传，共五十多万字。十二是十二月，是地支，十是天干，八是卦数，三十取《老子》“三十辐

---

① 《孟子·滕文公》：“有楚大夫于此，欲其子之齐语也，则使齐人傅诸。”楚人要学齐语，可见齐语流行很广。又《韩诗外传》四：“然则楚之狂者楚言，齐之狂者齐言，习使然也。”“楚言”和“齐言”并举，可见楚言也是很有势力的。

共一毂”的意思，表示那些“辅弼股肱之臣”“忠信行道以奉主上”①；七十表示人寿之大齐，因为列传是记载人物的。这也是用数目的哲学做系统，并非逻辑的秩序，和《吕氏春秋》一样。这部书“厥协‘六经’异传，整齐百家杂语”，以剪裁与组织见长。但是它的文字最大的贡献，还在描写人物。左氏只是描写事，司马迁进一步描写人；写人更需要精细的观察和选择，比较的更难些。班彪论《史记》“善叙事理，辨而不华，质而不野，文质相称”②，这是说司马迁行文委曲自然。他写人也是如此。他又往往即事寓情，低回不尽；他的悲愤的襟怀，常流露在字里行间。（阅读这一部分可与第九篇文章对照阅读，全面了解《史记》的意义价值。这里强调了《史记》对人物的描写即事寓情，低回不尽。）明代茅坤称他“出《风》入《骚》”③，是不错的。

汉武帝时候，盛行辞赋；后世说“楚辞汉赋”，真的，汉代简直可以说是赋的时代。所有的作家几乎都是赋的作家。赋既有这样压倒的势力，一切的文体，自然都受它的影响。赋的特色是铺张、排偶、用典故。（“赋”的盛行及“赋”的特点。）西汉记事记言，都还用散行的文字，语意大抵简明；东汉就在散行里夹排偶，汉、魏之际，排偶更甚。西汉的赋，虽用排偶，却还重自然，并不力求工整；东汉到魏，越来越工整，典故也越用越多。西汉普通文字，句子很短，最短有两个字的。东汉的句子，便长起来了，最短的是四个字；魏代更长，往往用上四下六或上六下四的两句以完一意。所谓“骈文”或“骈体”，便这样开始发展。（从“赋”到“骈文”的转变。）骈体出于辞赋，夹带着不少的抒情的成分；而句读整齐，对偶工丽，可以悦目，声调和谐，又可悦耳，也都助人情韵。因此能够

① 《史记·自序》。

② 《后汉书·班彪传》。

③ 《史记评林》总评。

投人所好，成功了不废的体制。

梁昭明太子在《文选》里第一次提出“文”的标准，可以说是骈体发展的指路牌。（“文”的标准——骈体发展的指路牌。）他不选经、子、史，也不选“辞”。经太尊，不可选；史“褒贬是非，纪别异同”，不算“文”；子“以立意为宗，不以能文为本”；“辞”是子史的支流，也都不算“文”。他所选的只是“事出于沉思，义归乎翰藻”之作。“事”是“事类”，就是典故；“翰藻”兼指典故和譬喻。典故用得好的，譬喻用得好的，他才选在他的书里。这种作品好像各种乐器，“并为入耳之娱”；好像各种绣衣，“俱为悦目之玩”。这是“文”，和经、子、史及“辞”的作用不同，性质自异。后来梁元帝又说“吟咏风谣，流连哀思者谓之文”“文者，惟须绮縠纷披，宫徵靡曼，唇吻遒会，情灵摇荡”④。这就说，用典故、有对偶、谐声调的抒情作品才叫作“文”呢。这种“文”大体上专指诗赋和骈体而言；但应用的骈体如章奏等，却不算在里头。汉代本已称诗赋为“文”，而以“文辞”或“文章”称记言、记事之作。骈体原也是些记言、记事之作，这时候却被提出一部分来，与诗赋并列在“文”的尊称之下，真是“附庸蔚为大国”了。

这时有两种新文体发展。一是佛典的翻译，一是群经的义疏。（文体又有发展与改变。）佛典翻译从前不是太直，便是太华；太直的不好懂，太华的简直是魏、晋人讲老、庄之学的文字，不见新义。这些译笔都不能做到“达”的地步。东晋时候，后秦主姚兴聘龟兹僧鸠摩罗什为国师，主持译事。他兼通华语及西域语，所译诸书，一面曲从华语，一面不失本旨。他的译笔可也不完全华化，往往有“天然西域之语趣”⑤；他介绍的“西域之语趣”是华语所能容纳的，所以觉得“天然”。新文体这样成立在他的手里。但他的翻译虽能“达”，却还不能尽

---

④ 《金楼子·立言》篇。

⑤ 宋赞宁论罗什所译《法华经》语，见《宋高僧传》卷三。

"信";他对原文是不太忠实的。到了唐代的玄奘,更求精确,才能"信""达"兼尽,集佛典翻译的大成。这种新文体一面增扩了国语的词汇,也增扩了国语的句式。词汇的增扩,影响最大而易见,如现在口语里还用着的"因果""忏悔""刹那"等词,便都是佛典的译语。句式的增扩,直接的影响比较小些,但像文言里常用的"所以者何""何以故"等也都是佛典的译语。另一面,这种文体是"组织的,解剖的"①。这直接影响了佛教徒的注疏和"科分"之学②,间接影响了一般解经和讲学的人。

演释古人的话的有"故""解""传""注"等。用故事来说明或补充原文,叫作"故"。演释原来辞意,叫作"解"。但后来解释字句,也叫作"故"或"解"。"传",转也,兼有"故""解"的各种意义。如《春秋左氏传》补充故事,兼阐明《春秋》辞意。《公羊传》《穀梁传》只阐明《春秋》辞意——用的是问答式的记言。《易传》推演卦爻辞的意旨,也是铺排的记言。《诗毛氏传》解释字句,并给每篇诗作小序,阐明辞意。"注"原只解释字句,但后来也有推演辞意、补充故事的。用故事来说明或补充原文,以及一般的解释辞意,大抵明白易晓。"春秋三传"和《诗毛氏传》阐明辞意,却是断章取义,甚至断句取义,所以支离破碎,无中生有。注字句的本不该有大出入,但因对于辞意的见解不同,去取字义,也有各别的标准。注辞意的出入更大。像王弼注《周易》,实在是发挥老、庄的哲学;郭象注《庄子》,更是借了《庄子》发挥他自己的哲学。南北朝人作群经"义疏",一面便是王弼等人的影响,一面也是翻译文体的间接影响。这称为"义疏"之学。

汉、晋人作群经的注,注文简括,时代久了,有些便不容易通晓。南北朝

① 梁启超:《翻译文学与佛典》六之二。

② 佛教徒注释经典,分析经文的章段,称为"科分"。

人给这些注作解释，也是补充材料，或推演辞意。“义疏”便是这个。无论补充或推演，都得先解剖文义；这种解剖必然地比注文解剖经文更精细一层。这种精细的确不算是破坏的解剖，似乎是佛典翻译的影响。就中推演辞意的有些也只发挥老、庄之学，虽然也是无中生有，却能自成片段，便比汉人的支离破碎进步。这是王弼等人的衣钵，也是魏、晋以来哲学发展的表现。这是又一种新文体的分化。到了唐修《五经正义》，削去玄谈，力求切实，只以疏明注义为重。解剖字句的功夫，至此而极详。宋人所谓“注疏”的文体，便成立在这时代。后来清代的精详的考证文，就是从这里变化出来的。

不过佛典只是佛典，义疏只是义疏，当时没有人将这些当作“文”的。“文”只用来称“沉思翰藻”的作品。但“沉思翰藻”的“文”渐渐有人嫌“浮”“艳”了。“浮”是不直说、不简截说的意思。“艳”正是隋代李谔《上文帝书》中所指斥的：“连篇累牍，不出月露之形；积案盈箱，唯是风云之状。”那时北周的苏绰是首先提倡复古的人，李谔等纷纷响应。但是他们都没有找到路子，死板地模仿古人到底是行不通的。唐初，陈子昂提倡改革文体，和者尚少。到了中叶，才有一班人“宪章六艺，能探古人述作之旨”[①]，而元结、独孤及、梁肃最著。他们作文，主于教化，力避排偶，辞取朴拙。但教化的观念，广泛难以动众，而关于文体，他们不曾积极宣扬，因此未成宗派。开宗派的是韩愈。（在对前文总结的基础上，引出与之不同的文人——韩愈。）

韩愈，邓州南阳（今河南南阳）人。唐宪宗时，他做刑部侍郎，因谏迎佛骨被贬；后来官至吏部侍郎，所以称为韩吏部。他很称赞陈子昂、元结复古的功劳，又曾请教过梁肃、独孤及。他的脾气很坏，但提携后进，最是热肠。当时

① 李舟：《独孤常州集序》。

人不愿为师，以避标榜之名；他却不在乎，大收其弟子。他可不愿做章句师，他说师是“传道、授业、解惑”[①]的。他实在是以文辞为教的创始者。他所谓“传道”，便是传尧、舜、禹、汤、文、武、周公、孔子、孟子的道；所谓“解惑”，便是排斥佛、老。他是以继承孟子自命的；他排佛、老，正和孔子距杨、墨一样。当时佛、老的势力极大，他敢公然排斥，而且因此触犯了皇帝[②]。这自然足以惊动一世。他并没有传了什么新的道，却指示了道统，给宋儒开了先路。他的重要的贡献，还在他所提倡的“古文”上。

他说他作文取法《尚书》《春秋》《左传》《周易》《诗经》以及《庄子》、《楚辞》、《史记》、扬雄、司马相如等。《文选》所不收的经、子、史，他都排进“文”里去。这是一个大改革、大解放。他这样建立起文统来。但他并不死板地复古，而以变古为复古。他说“惟古于辞必己出，降而不能乃剽贼”[③]，又说“惟陈言之务去，戛戛乎其难哉”[④]；他是在创造新语。他力求以散行的句子换去排偶的句子，句读总弄得参参差差的。但他有他的标准，那就是“气”。他说“气盛则言之短长与声之高下者皆宜”[⑤]；“气”就是自然的语气，也就是自然的音节。他还不能跳出那定体“雅言”的圈子而采用当时的白话；但有意地将白话的自然音节引到文里去，他是第一个人。在这一点上，所谓“古文”也是不“古”的；不过他提出“语气流畅”（气盛）这个标准，却给后进指点了一条明路。他的弟子本就不少，再加上私淑的，都往这条路上走，文体于是乎大变。这实在是新体的

① 《师说》。

② 《谏佛骨表》触怒宪宗，被贬为潮州刺史。

③ 《樊绍述墓志铭》。

④ 《答李翊书》。

⑤ 同上。

“古文”，宋代又称为“散文”——算成立在他的手里。（韩愈是古文运动的领袖、新体“古文”的开创者。）

柳宗元与韩愈，宋代并称，他们是好朋友。柳作文取法《书》《诗》《礼》《春秋》《易》，以及《穀梁》《孟》《荀》《庄》《老》《国语》《离骚》《史记》，也将经、子、史排在“文”里，和韩的文统大同小异。但他不敢为师，“摧陷廓清”的劳绩，比韩差得多。他的学问见解，却在韩之上，并不墨守儒言。他的文深幽精洁，最工游记；他创造了描写景物的新语。韩愈的门下有难、易两派。爱易派主张新而不失自然，李翱是代表；爱难派主张新就不妨奇怪，皇甫湜是代表。当时爱难派的流传盛些。他们矫枉过正，语艰意奥，扭曲了自然的语气、自然的音节，僻涩诡异，不易读诵。所以唐末宋初，骈体文又回光返照了一下。雕琢的骈体文和僻涩的古文先后盘踞着宋初的文坛。直到欧阳修出来，才又回到韩愈与李翱，走上平正通达的古文的路。

韩愈抗颜为人师而提倡古文，形势比较难；欧阳修居高位而提倡古文，形势比较容易。明代所称唐宋八大家①，韩、柳之外，六家都是宋人。欧阳修为首，以下是曾巩、王安石、苏洵和他的儿子苏轼、苏辙。曾巩、苏轼是欧阳修的门生，别的三个也都是他提拔的。他真是当时文坛的盟主。韩愈虽然开了宗派，却不曾有意地立宗派；欧、苏是有意地立宗派。他们虽也提倡道，但只促进了并且扩大了古文的发展。欧文主自然。他所作纡徐曲折，而能条达疏畅，无艰难劳苦之态；最以言情见长，评者说是从《史记》脱化而出。曾学问有根柢，他的文确实而谨严；王是政治家，所作以精悍胜人。三苏长于议论，得力于《战国策》《孟子》；而苏轼才气纵横，并得力于《庄子》。他说他的文“随物赋形”“常

① 茅坤有《唐宋八大家文钞》，从此“唐宋八大家”成为定论。

行于所当行，常止于不可不止”[①]；又说他意到笔随，无不尽之处[②]。这真是自然的极致了。他的文，学的人最多。南宋有“苏文熟，秀才足”的俗谚[③]，可见影响之大。

欧、苏以后，古文成了正宗。辞赋虽还算在古文里头，可是从辞赋出来的骈体却只拿来作应用文了。骈体声调铿锵，便于宣读，又可铺张词藻不着边际，便于酬酢，作应用文是很相宜的。所以流传到现在，还没有完全死去。但中间却经过了散文化。自从唐代中叶的陆贽开始。他的奏议切实恳挚，绝不浮夸，而且明白晓畅，用笔如舌。唐末骈体的应用文专称“四六”，却更趋雕琢；宋初还是如此。转移风气的也是欧阳修。他多用虚字和长句，使骈体稍稍近于语气之自然。嗣后群起仿效，散文化的骈文竟成了定体了。这也是古文运动的大收获。

唐代又有两种新文体发展。（唐代两种新文体的发展都与佛家影响有关。）一是语录，一是“传奇”，（比较有名的唐传奇有元稹的《莺莺传》和蒋防的《霍小玉传》等，这些故事后来有很多也被改编成了更长的小说文本。）都是佛家的影响。语录起于禅宗。禅宗是革命的宗派，他们只说法而不著书。他们大胆地将师父们的话参用当时的口语记下来。后来称这种体制为语录。他们不但用这种体制记录演讲，还用来通信和讨论。这是新的记言的体制，里面夹杂着“雅言”和译语。宋儒讲学，也采用这种记言的体制，不过不大夹杂译语。宋儒的影响究竟比禅宗大得多，语录体从此便成立了，盛行了。传奇是有结构的小说。从前只有杂录或琐记的小说，有结构的从传奇起头。传奇记述艳情，也记述神怪，但将神怪人情化。

① 《文说》。

② 何薳《春渚纪闻》中东坡事实。

③ 陆游：《老学庵笔记》。

这里面描写的人生，并非全是设想，大抵还是以亲切的观察作底子。这开了后来佳人才子和鬼狐仙侠等小说的先路。它的来源一方面是俳谐辞赋，一方面是翻译的佛典故事；佛典里长短的寓言所给予的暗示最多。当时文士作传奇，原来只是向科举的主考官介绍自己的一种门路。当时应举的人在考试之前，得请达官将自己姓名介绍给主考官；自己再将文章呈给主考官看。先呈正经文章，过些时再呈杂文如传奇等，传奇可以见史才、诗笔、议论，人又爱看，是科举的很好媒介。这样，作者便日见其多了。

到了宋代，又有"话本"。这是白话小说的老祖宗。（宋代"话本"的产生与社会背景有关。）话本是"说话"的底本；"说话"略同后来的"说书"，也是佛家的影响。唐代佛家向民众宣讲佛典故事，连说带唱，本子夹杂"雅言"和口语，叫作"变文"；"变文"后来也有说唱历史故事及社会故事的。"变文"便是"说话"的源头；"说话"里也还有演说佛典这一派。"说话"是平民的艺术；宋仁宗很爱听，以后便变为专业，大流行起来了。这里面有说历史故事的，有说神怪故事的，有说社会故事的。"说话"渐渐发展，本来由一个或几个同类而不相关联的短故事，引出一个同类而不相关联的长故事的，后来却能将许多关联的故事组织起来，分为"章回"了，这是体制上一个大进步。

话本留存到现在的已经很少，但还足以见出后世的几部小说名著，如元罗贯中的《三国志演义》，明施耐庵的《水浒传》，吴承恩的《西游记》，都是从话本演化出来的；不过这些已是文人的作品，而不是话本了。就中《三国志演义》还夹杂着"雅言"，《水浒传》和《西游记》便都是白话了。这里除《西游记》以设想为主外，别的都可以说是写实的。这种写实的作风在清代曹雪芹的《红楼梦》里得着充分的发展。《三国志演义》等书里的故事虽然是关联的，却不是连贯的。到了《红楼梦》，组织才更严密了；全书只是一个家庭的故事。虽然包罗万有，而能“一以贯之”。这不但是章回小说，而且是近代所谓“长篇小说”了。白话小说到此大成。

明代用八股文取士，一般文人都镂心刻骨地去简炼揣摩，所以极一代之盛。“股”是排偶的意思；这种体制，中间有八排文字互为对偶，所以有此称——自然也有变化，不过“八股”可以说是一般的标准——又称为“四书文”，因为考试里最重要的文字、题目都出在“四书”里。又称为“制艺”，因为这是朝廷法定的体制。又称为“时文”，是对古文而言。八股文也是推演经典辞意的；它的来源，往远处说，可以说是南北朝义疏之学，往近处说，便是宋、元两代的经义。但它的格律，却是从“四六”演化的。宋代定经义为考试科目，是王安石的创制；当时限用他的群经“新义”，用别说的不录。元代考试，限于“四书”，规定用朱子的章句和集注。明代制度，主要的部分也是如此。

经义的格式，宋末似乎已有规定的标准，元、明两代大体上递相承袭。但明代有两种大变化：一是排偶，一是代古人语气。因为排偶，所以讲究声调。因为代古人语气，便要描写口吻；圣贤要像圣贤口吻，小人要像小人的。这是八股文的仅有的本领，大概是小说和戏曲的不自觉的影响。八股文格律定得那样严，所以得简炼揣摩，一心用在技巧上。除了口吻、技巧和声调之外，八股文里是空洞无物的。而因为那样难，一般作者大都只能套套滥调，那真是“每况愈下”了。这原是君主牢笼士人的玩意儿，但它的影响极大；明、清两代的古文大家几乎没有一个不是八股文出身的。

清代中叶，古文有桐城派，便是八股文的影响。诗人作家自己标榜宗派，在前只有江西诗派，在后只有桐城文派。桐城派的势力，绵延了二百多年，直到民国初期还残留着；这是江西派比不上的。桐城派的开山祖师是方苞，而姚鼐集其大成。他们都是安徽桐城人，当时有“天下文章在桐城”的话[①]，所以称为桐城派。方苞是八股文大家。他提倡归有光的文章，归也是明代八股文兼古文大家。方是第一个提倡“义法”的人。他论古文以为“六经”和《论语》《孟子》是根源，得其支流而义法最精的是《左传》《史记》，其次是《公羊传》《穀梁传》《国语》《国策》，两汉的书和疏，唐宋八家文[②]——再下怕就要数到归有光了。这是他的，也是桐城派的文统论。“义”是用意，是层次；“法”是求雅、求洁的条目。雅是纯正不杂，如不可用语录中语、骈文中丽语、汉赋中板重字法、诗歌中俊语、《南史》《北史》中佻巧语以及佛家语。后来姚鼐又加上注疏语和尺牍语。洁是简省字句。这些“法”其实都是从八股文的格律引申出来的。方苞论文，也讲“阐道”[③]；他是信程、朱之学的，不过所入不深罢了。

方苞受八股文的束缚太甚，他学得的只是《史记》、欧、曾、归的一部分，只是严整而不雄浑，又缺乏情韵。姚鼐所取法的还是这几家，虽然也不雄浑，却能“迂回荡漾，余味曲包”[④]，这是他的新境界。《史记》本多含情不尽之处，所谓远神的。欧文颇得此味，归更向这方面发展——最善述哀，姚简直用全力揣摩。他的老师刘大櫆指出作文当讲究音节，音节是神气的迹象，可以从字句下手[⑤]。姚鼐得了这点启示，便从音节上用力，去求得那绵邈的情韵。他的文真是所谓“阴与柔之美”[⑥]。他最主张诵读，又最讲究虚助字，都是为此，但这分明是八股文讲究声调的转变。刘是雍正副榜，姚是乾隆进士，都是用功八股文的。

---

① 周书昌语，见姚鼐:《刘海峰先生八十寿序》。

② 《古文约选序例》。

③ 见雷鋐:《卜书》。

④ 吕璜纂:《吴德旋初月楼古文绪论》。

⑤ 刘大櫆:《论文偶记》。

⑥ 姚鼐:《复鲁絜非书》。

当时汉学家提倡考据，不免繁琐的毛病。姚鼐因此主张义理、考据、词章三端相济，偏废的就是“陋”儒[①]。但他的义理不深，考据多误，所有的还只是词章本领。他选了《古文辞类纂》；序里虽提到“道”，书却只成为古文的典范。书中也不选经、子、史；经也因为太尊，子、史却因为太多。书中也选辞赋。这部选本是桐城派的经典，学文的必由于此，也只需由于此。方苞评归有光的文庶几“有序”，但“有物之言”太少[②]。曾国藩评姚鼐也说一样的话，其实桐城派都是如此。攻击桐城派的人说他们空疏浮浅，说他们范围太窄，全不错；但他们组织的技巧，言情的技巧，也是不可抹煞的。

姚鼐以后，桐城派因为路太窄，渐有中衰之势。这时候仪征阮元提倡骈文正统论。他以《文选序》和南北朝“文”“笔”的分别为根据，又扯上传为孔子作的《易·文言传》。他说用韵用偶的才是文，散行的只是笔，或是“直言”的“言”，“论难”的“语”[③]。古文以立意、记事为宗，是子、史正流，终究与文章有别。《文言传》多韵语、偶语，所以孔子才题为“文”言。阮元所谓韵，兼指句末的韵与句中的“和”而言[④]。原来南北朝所谓“文”“笔”，本有两义，“有韵为文，无韵为笔”，是当时的常言[⑤]。韵只是句末韵。阮元根据此语，却将“和”也算是韵，这是曲解一。梁元帝说有对偶、谐声调的抒情作品是文，骈体的章奏与散体的著述都是笔[⑥]。阮元却只以散体为笔，这是曲解二。至于《文言传》，固然称“文”，却也称“言”，况且也非孔子所作——也更是附会了。他的主张

① 《述庵文钞序》，又《复秦小岘书》。

② 《书震川文集后》。

③ 根据《说文·言部》。

④ 阮元：《文言说》及《与友人论古文书》。

⑤ 《文心雕龙·总术》。

⑥ 《金楼子·立言》篇。

虽然也有一些响应的人，但是不成宗派。

曾国藩出来，中兴了桐城派。那时候一般士人，只知作八股文；另一面，汉学、宋学的门户之争，却越来越厉害，各走偏锋。曾国藩为补偏救弊起见，便就姚鼐义理、考据、词章三端相济之说加以发扬光大。他反对当时一般考证文的芜杂琐碎，也反对当时崇道贬文的议论，以为要明先王之道，非精研文字不可；各家著述的见道多寡，也当以他们的文为衡量的标准。桐城文的病在弱在窄，他却能以深博的学问、弘通的见识、雄直的气势，使它起死回生。他才真回到韩愈，而且胜过韩愈。他选了《经史百家杂钞》，将经、史、子也收入选本里，让学者知道古文的源流、文统的一贯，眼光便比姚鼐远大得多。他的幕僚和弟子极众，真是登高一呼，群山四应。这样延长了桐城派的寿命几十年。

但“古文不宜说理”[①]，从韩愈就如此。曾国藩的力量究竟也没有能够补救这个缺陷于一千年之后。而海通以来，世变日亟，事理的繁复，有些绝非古文所能表现。因此聪明才智之士渐渐打破古文的格律，放手作去。到了清末，梁启超先生的“新文体”可算登峰造极。他的文“时杂以俚语、韵语及外国语法，纵笔所至不检束，学者竞效之”，而“条理明晰，笔锋常带情感，对于读者，别有一种魔力”[②]。但这种“魔力”也不能持久；中国的变化实在太快，这种“新文体”又不够用了。胡适之先生和他的朋友们这才起来提倡白话文，经过五四运动，白话文是畅行了。这似乎又回到古代言文合一的路。然而不然。这时代是第二回翻译的大时代。白话文不但不全跟着国语的口语走，也不全跟着传统的白话走，却有意地跟着翻译的白话走。（我们现在使用的日常用语有很多来自日语翻

① 曾国藩《复吴南屏书》：“仆尝谓古文之道，无施不可，但不宜说理耳。”

② 梁启超：《清代学术概论》。

译，甚至有的词语原本是中国的，流传到日本被置换语义之后又传回了中国，比如经济、封建等。语言的现代化和五四之后的整个思想启蒙是同步的。）这是白话文的现代化，也就是国语的现代化。中国一切都在现代化的过程中，语言的现代化也是自然的趋势，并不足怪的。

附录

论雅俗共赏

陶渊明有“奇文共欣赏，疑义相与析”的诗句，那是一些“素心人”的乐事，“素心人”当然是雅人，也就是士大夫。这两句诗后来凝结成“赏奇析疑”一个成语，“赏奇析疑”是一种雅事，俗人的小市民和农家子弟是没有份儿的。然而又出现了“雅俗共赏”这一个成语，“共赏”显然是“共欣赏”的简化，可是这是雅人和俗人或俗人跟雅人一同在欣赏，那欣赏的大概不会还是“奇文”吧。这句成语不知道起于什么时代，从语气看来，似乎雅人多少得理会到甚至迁就着俗人的样子，这大概是在宋朝或者更后吧。

原来唐朝的“安史之乱”可以说是我们社会变迁的一条分水岭。在这之后，门第迅速地垮了台，社会的等级不像先前那样固定了，“士”和“民”这两个等级的分界不像先前那样严格和清楚了，彼此的分子在流通着，上下着。而上去的比下来的多，士人流落民间的究竟少，老百姓加入士流的却渐渐多起来。王侯将相早就没有种了，读书人到了这时候也没有种了；只要家里能够勉强供给一些，自己有些天分，又肯用功，就是个“读书种子”；（科举制度是在隋代建立起来的。科举制度的建立使得左思诗中“世胄蹑高位，英俊沉下僚”的不公正现象得到了改善。）去参加那些公开的考试，考中了就有官做，至少也落个绅士。这种进展经过唐末跟五代的长期的变乱加了速度，到宋朝又加上印刷术的发达，学校多起来了，士人也多起来了，士人的地位加强，责任也加重了。这些士人多数是来自民间的新的分子，他们多少保留着民间的生活方式和生活态度。他们一面学习和享受那些雅的，一面却还不能摆脱或蜕变那些俗的。人既然很多，大家是这样，也就不觉其寒尘；不但不觉其寒尘，还要重新估定价值，至少也得调整那旧来的标准与尺度。“雅俗共赏”似乎就是新提出的尺度或标准，这里并非打倒旧标准，只是要求那些雅士理会到或迁就些俗士的趣味，好让大家打成一片。当然，所谓“提出”和“要求”，都只是不自觉地看来是自然而然的趋势。

中唐的时期，比“安史之乱”还早些，禅宗的和尚就开始用口语记录大师的说教。用口语为的是求真与化俗，化俗就是争取群众。安史乱后，和尚的口语记录更其流行，于是乎有了“语录”这个名称，“语录”就成为一种著述体了。到了宋朝，道学家讲学，更广泛地留下了许多语录；他们用语录，也还是为了求真与化俗，还是为了争取群众。所谓求真的“真”，一面是如实和直接的意思。禅家认为第一义是不可说的。语言文字都不能表达那无限的可能，所以是虚妄的。（周作人曾在《志摩纪念》一文中说过：“文章的理想境，我想应该是禅，是个不立文字、以心传心的境界，有如世尊拈花，迦叶微笑，或者一声‘且道’，如棒敲头，夯的一下顿然明了，才是正理，此外都不是路。”可见文学的境界和禅宗的关系也相去不远。）然而实际上语言文字究竟是不免要用的一种“方便”，记录文字自然越近实际的、直接的说话越好。在另一面，这“真”又是自然的意思，自然才亲切，才让人容易懂，也就是更能收到化俗的功效，更能获得广大的群众。道学主要的是中国的正统的思想，道学家用了语录做工具，大大地增强了这种新的文体的地位，语录就成为一种传统了。比语录体稍稍晚些，还出现了一种宋朝叫作“笔记”的东西。这种作品记述有趣味的杂事，范围很宽，一方面发表作者自己的意见，所谓议论，也就是批评，这些批评往往也很有趣味。作者写这种书，只当作对客闲谈，并非一本正经，虽然以文言为主，可是很接近说话。这也是给大家看的，看了可以当作“谈助”，增加趣味。宋朝的笔记最发达，当时盛行，流传下来的也很多。目录家将这种笔记归在“小说”项下，近代书店汇印这些笔记，更直题为“笔记小说”；中国古代所谓“小说”，原是指记述杂事的趣味作品而言的。

那里我们得特别提到唐朝的“传奇”。“传奇”据说可以见出作者的“史才、诗笔、议论”，是唐朝士子在投考进士以前用来送给一些大人先生看，介绍自己，求他们给自己宣传的。其中不外乎灵怪、艳情、剑侠三类故事，显然是以供给“谈助”，引起趣味为主。无论照传统的意念，或现代的意念，这些“传奇”无疑的是小说，一方面也和笔记的写作态度有相类之处。照陈寅恪先生的意见，这种“传奇”大概起于民间，文士是仿作，文字里多口语化的地方。陈先生并且说唐朝的古文运动就是从这儿开始。他指出古文运动的领导者韩愈的《毛颖传》，正是仿“传奇”而作。我们看韩愈的“气盛言宜”的理论和他的参差错落的文句，也正是多多少少在口语化。他的门下的“好难”“好易”两派，似乎原来也都是在试验如何口语化。可是“好难”的一派过分强调了自己，过分想出奇制胜，不管一般人能够了解欣赏与否，终于被人看作“诡”和“怪”而失败，于是宋朝的欧阳修继承了“好易”的一派的努力而奠定了古文的基础。以上说的种种，都是安史乱后几百年间自然的趋势，就是那雅俗共赏的趋势。

宋朝不但古文走上了“雅俗共赏”的路，诗也走向这条路。胡适之先生说宋诗的好处就在“作诗如说话”，一语破的指出了这条路。自然，这条路上还有许多曲折，但是就像不好懂的黄山谷，他也提出了“以俗为雅”的主张，并且点化了许多俗语成为诗句。（“点铁成金，脱胎换骨”正是江西诗派的主张。）实践上“以俗为雅”，并不从他开始，梅圣俞、苏东坡都是好手，而苏东坡更胜。据记载梅和苏都说过“以俗为雅”这句话，可是不大靠得住；黄山谷却在《再次杨明叔韵》一诗的“引”里郑重地提出“以俗为雅，以故为新”，说是“举一纲而张万目”。他将“以俗为雅”放在第一，因为这实在可以说是宋诗的一般作风，也正是“雅俗共赏”的路。但是加上“以故为新”，（将典故别出心裁地运用在诗句中，有时会显出不落窠臼的巧妙，有时也有过于费解的问题。）路就曲折起来，那是雅人自赏，黄山谷所以终于不好懂了。不过黄山谷虽然不好懂，宋诗却终于回到了“作诗如说话”的路，这“如说话”，的确是条大路。

雅化的诗还不得不回向俗化，刚刚来自民间的词，在当时不用说自然是“雅俗共赏”的。别瞧黄山谷的有些诗不好懂，他的一些小词可够俗的。柳耆卿更是个通俗的词人。（“凡有井水处，皆能歌柳词。”可见柳永词的传播范围非常广泛。）词后来虽然渐渐雅化或文人化，可是始终不能雅到诗的地位，它怎么着也只是“诗余”。词变为曲，不是在文人手里变，是在民间变的；曲又变得比词俗，虽然也经过雅化或文人化，可是还雅不到词的地位，它只是“词余”。一方面，从晚唐和尚的俗讲演变出来的宋朝的“说话”就是说书，乃至后来的平话以及章回小说，还有宋朝的杂剧和诸宫调等等转变成功的元朝的杂剧和戏文，乃至后来的传奇，以及皮黄戏，更多半是些“不登大雅”的“俗文学”。（从诗到词、曲、话本小说和杂剧等，其实也是逐渐化雅为俗的过程。更为符合市民的趣味，这和工商业的发展也有关系。）这些除元杂剧和后来的传奇也算是“词余”以外，在过去的文学传统里简直没有地位；也就是说这些小说和戏剧在过去的文学传统里多半没有地位，有些有点地位，也不是正经地位。可是虽然俗，大体上却“俗不伤雅”，虽然没有什么地位，却总是“雅俗共赏”的玩意儿。

“雅俗共赏”是以雅为主的，从宋人的“以俗为雅”以及常语的“俗不伤雅”，更可见出这种宾主之分。起初成群俗士蜂拥而上，固然逼得原来的雅士不得不理会到甚至迁就着他们的趣味，可是这些俗士需要摆脱的更多。他们在学习，在享受，也在蜕变，这样渐渐适应那雅化的传统，于是乎新旧打成一片，传统多多少少变了质继续下去。前面说过的文体和诗风的种种改变，就是新旧双方调整的过程，结果迁就的渐渐不觉其为迁就，学习的也渐渐习惯成了自然，传统的确稍稍变了质，但是还是文言或雅言为主，就算跟民众近了一些，近得也不太多。

至于词曲，算是新起于俗间，实在以音乐为重，文辞原是无关轻重的；“雅俗共赏”，正是那音乐的作用。后来雅士们也曾分别将那些文辞雅化，但是因为音乐性太重，使他们不能完成那种雅化，所以词曲终于不能达到诗的地位。（诗词的雅化过程也是逐渐摆脱娱乐性的过程，这个过程也可能会导致民间生活的鲜活特质逐渐枯萎。）而曲一直配合着音乐，雅化更难，地位也就更低，还低于词一等。可是词曲到了雅化的时期，那“共赏”的人却就雅多而俗少了。真正“雅俗共赏”的是唐、五代、北宋的词，元朝的散曲和杂剧，还有平话和章回小说以及皮黄戏等。皮黄戏也是音乐为主，大家直到现在都还在哼着那些粗俗的戏词，所以雅化难以下手，虽然一二十年来这雅化也已经试着在开始。平话和章回小说，传统里本来没有，雅化没有合式的榜样，进行就不易。《三国志演义》虽然用了文言，却是俗化的文言，接近口语的文言，后来的《水浒传》《西游记》《红楼梦》等就都用白话了。（我们可以将上文作者谈到的不同时代的俗化文本连缀起来，提纲挈领地看待历史变化。）不能完全雅化的作品在雅化的传统里不能有地位，至少不能有正经的地位。雅化程度的深浅，决定这种地位的高低或有没有，一方面也决定“雅俗共赏”的范围的小和大——雅化越深，“共赏”的人越少，越浅也就越多。所谓多少，主要的是俗人，是小市民和受教育的农家子弟。在传统里没有地位或只有低地位的作品，只算是玩意儿；然而这些才接近民众，接近民众却还能教

“雅俗共赏”，雅和俗究竟有共通的地方，不是不相理会的两橛了。

单就玩意儿而论，“雅俗共赏”虽然是以雅化的标准为主，“共赏”者却以俗人为主。固然，这在雅方得降低一些，在俗方也得提高一些，要“俗不伤雅”才成；雅方看来太俗，以至于“俗不可耐”的，是不能“共赏”的。但是在什么条件之下才会让俗人所“赏”的，雅人也能来“共赏”呢？我们想起了“有目共赏”这句话。孟子说过“不知子都之姣者，无目者也”，“有目”是反过来说，“共赏”还是陶诗“共欣赏”的意思。子都的美貌，有眼睛的都容易辨别，自然也就能“共赏”了。孟子接着说：“口之于味也，有同嗜焉；耳之于声也，有同听焉；目之于色也，有同美焉。”这说的是人之常情，也就是所谓人情不相远。但是这不相远似乎只限于一些具体的、常识的、现实的事物和趣味。譬如北平吧，故宫和颐和园，包括建筑、风景和陈列的工艺品，似乎是“雅俗共赏”的，天桥在雅人的眼中似乎就有些太俗了。说到文章，俗人所能“赏”的也只是常识的、现实的。后汉的王充出身是俗人，他多多少少代表俗人说话，反对难懂而不切实用的辞赋，却赞美公文能手。公文这东西关系雅俗的现实利益，始终是不曾完全雅化了的。再说后来的小说和戏剧，有的雅人说《西厢记》诲淫、《水浒传》诲盗，这是“高论”。实际上这一部戏剧和这一部小说都是“雅俗共赏”的作品。《西厢记》无视了传统的礼教，《水浒传》无视了传统的忠德，然而“男女”是“人之大欲”之一，“官逼民反”，也是人之常情，梁山泊的英雄正是被压迫的人民所想望的。俗人固然同情这些，一部分的雅人，跟俗人相距还不太远的，也未尝不高兴这两部书说出了他们想说而不敢说的。这可以说是一种快感、一种趣味，可并不是低级趣味；这是有关系的，也未尝不是有节制的。“诲淫”“诲盗”只是代表统治者的利益的说话。（所谓雅俗共赏中包含了“人同此心，心同此理”的意味。文学所具有的永恒性一部分也在于千古不变的人性。）

十九世纪二十世纪之交是个新时代，新时代给我们带来了新文化，产生了我们的知识阶级。这知识阶级跟从前的读书人不大一样，包括了更多的从民间来的分子，他们渐渐跟统治者拆伙而走向民间。于是乎有了白话正宗的新文学，词曲和小说戏剧都有了正经的地位。还有种种欧化的新艺术。这种文学和艺术却并不能让小市民来“共赏”，不用说农工大众。于是乎有人指出这是新绅士也就是新雅人的欧化，不管一般人能够了解欣赏与否。（欧化的新艺术现在很多也已经成为大众通俗文化，可见如何定义通俗和历史语境有关，尤其和普罗大众的教育背景和知识水平有关。）他们提倡“大众语”运动。但是时机还没有成熟，结果不显著。抗战以来又有“通俗化”运动，这个运动并已经在开始转向大众化。“通俗化”还分别雅俗，还是“雅俗共赏”的路，大众化却更进一步要达到那没有雅俗之分，只有“共赏”的局面。这大概也会是所谓由量变到质变吧。

1947 年 10 月 26 日作

论百读不厌

前些日子参加了一个讨论会，讨论赵树理先生的《李有才板话》。（这部创作于1943年的中篇小说，被誉为“解放区文艺代表之作”。朱自清先生曾评论：“赵先生和那些农民共同生活了很久，也才能用新的语言写出书里的那些新的故事。这里说‘新的语言’，因为快板和那些故事的语言或文体都尽量扬弃了民族形式的封建气氛，而采取了改变中的农民的活的口语。书里的快板并不多，是以散文为主。朴素，健康，而不过火，确算得新写实主义的作风。故事简单，有头有尾，有血有肉。”）座中一位青年提出了一件事实：他读了这本书觉得好，可是不想重读一遍。大家费了一些时候讨论这件事实。有人表示意见，说不想重读一遍，未必减少这本书的好，未必减少它的价值。但是时间匆促，大家没有达到明确的结论。一方面似乎大家也都没有重读过这本书，并且似乎从没有想到重读它。然而问题不但关于这一本书，而是关于一切文艺作品。为什么一些作品有人“百读不厌”，另一些却有人不想读第二遍呢？是作品的不同吗？是读的人不同吗？如果是作品不同，“百读不厌”是不是作品评价的一个标准呢？这些都值得我们思索一番。

苏东坡有《送安惇秀才失解西归》诗，开头两句是：

旧书不厌百回读，熟读深思子自知。

“百读不厌”这个成语就出在这里。“旧书”指的是经典，所以要“熟读深思”。《三国志·魏志·王肃传·注》：

> 人有从（董遇）学者，遇不肯教，而云“必当先读百遍”，言“读书百遍而义自见”。

经典文字简短，意思深长，要多读，熟读，仔细玩味，才能了解和体会。（经典文本具有一种“陌生性”，即永远都等待阐释的可能性。无论身处何时何地，经典文本都能给读者以启发。）所谓“义自见”“子自知”，着重自然而然，这是不能着急的。这诗句原是安慰和勉励那考试失败的安惇秀才的话，劝他回家再去安心读书，说“旧书”不嫌多读，越读越玩味越有意思。固然经典值得“百回读”，但是这里着重的还在那读书的人。简化成“百读不厌”这个成语，却就着重在读的书或作品了。这成语常跟另一成语“爱不释手”配合着，在读的时候“爱不释手”，读过了以后“百读不厌”。这是一种赞词和评语，传统上确乎是一个评价的标准。当然，“百读”只是“重读”“多读”“屡读”的意思，并不一定一遍接着一遍地读下去。

经典给人知识，教给人怎样做人，其中有许多语言的、历史的、修养的课题，有许多注解，此外还有许多相关的考证，读上百遍，也未必能够处处贯通，教人多读是有道理的。但是后来所谓“百读不厌”，往往不指经典而指一些诗、一些文，以及一些小说；这些作品读起来津津有味，重读、屡读也不腻味，所以说“不厌”；“不厌”不但是“不讨厌”，并且是“不厌倦”。（大家认为经典文本和通俗文本百读不厌的原因分别是什么，又有什么区别呢？不厌也有不满足的意思，好书不厌百回读，也有读者永远都不满足于对经典的现有阐释的意思。）诗文和小说都是文艺作品，这里面也有一些语言和历史的课题，诗文也有些注解和考证；小说方面呢，却直到近代才有人注意这些课题，于是也有了种种考证。但是过去一般读者只注意诗文的注解，不大留心那些课题，对于小说更其如此。他们集中在本文的吟诵或浏览上。这些人吟诵诗文是为了欣赏，甚至于只为了消遣，浏览或阅读小说更只是为了消遣，他们要求的是趣味，是快感。这跟诵读经典不一样。诵读经典是为了知识，为了教训，得认真、严肃，正襟危坐地读，不像读诗文和小说可以马马虎虎的，随随便便的，在床上，在火车轮船上都成。这么着可还能够教人“百读不厌”，那些诗文和小说到底是靠了什么呢？

在笔者看来，诗文主要是靠了声调，小说主要是靠了情节。过去一般读者大概都会吟诵，他们吟诵诗文，从那吟诵的声调或吟诵的音乐中得到趣味或快感，意义的关系很少；只要懂得字面儿，全篇的意义弄不清楚也不要紧的。梁启超先生说过李义山的一些诗，虽然不懂得究竟是什么意思，可是读起来还是很有趣味（大意）。这种趣味大概一部分在那些字面儿的影像上，一部分就在那七言律诗的音乐上。字面儿的影像引起人们奇丽的感觉；这种影像所表示的往往是珍奇、华丽的景物，平常人不容易接触到的，所谓“七宝楼台”之类。（可以思考一下我们在朗读诗词时感受到的美是主观还是客观的呢？美是千人千面还是有共通之处呢？建议可以阅读一下朱光潜先生的《谈美》。）民间文艺里常常见到的“牙床”等等，也正是这种作用。民间流行的小调以音乐为主，而不注重词句，欣赏也偏重在音乐上，跟吟诵诗文也正相同。感觉的享受似乎是直接的、本能的，即使是字面儿的影像所引起的感觉，也还多少有这种情形，至于小调和吟诵，更显然直接诉诸听觉，难怪容易唤起普遍的趣味和快感。至于意义的欣赏，得靠综合诸感觉的想象力，这个得有长期的教养才成。然而就像教养很深的梁启超先生，有时也还让感觉领着走，足见感觉的力量之大。

小说的“百读不厌”，主要的是靠了故事或情节。人们在儿童时代就爱听故事，尤其爱奇怪的故事。成人也还是爱故事，不过那情节得复杂些。这些故事大概总是神仙、武侠、才子、佳人，经过种种悲欢离合，而以大团圆终场。悲欢离合总得不同寻常，那大团圆才足奇。小说本来起于民间，起于农民和小市民之间。在封建社会里，农民和小市民是受着重重压迫的，他们没有多少自由，却有做白日梦的自由。（通俗小说文本往往能满足读者一些无意识的欲望。《红楼梦》中贾母曾以犀利的言辞破除了才子佳人故事的陈腐旧套。）他们寄托他们的希望于超现实的神仙、神仙化的武侠，以及望之若神仙的上层社会的才子佳人；他们希望有朝一日自己会变成了这样的人物。这自然是不能实现的奇迹，可是能够给他们安慰、趣味和快感。他们要大团圆，正因为他们一辈子是难得大团圆的，奇情也正是常情啊。他们同情故事中的人物，“设身处地”地“替古人担忧”，这也因为事奇人奇的缘故。过去的小说似乎始终没有完全移交到士大夫的手里。士大夫读小说，只是看闲书，就是作小说，也只是游戏文章，总而言之，消遣而已。他们得化装为小市民来欣赏，来写作；在他们看，小说奇于事实，只是一种玩意儿，所以不能认真、严肃，只是消遣而已。

封建社会渐渐垮了，五四时代出现了个人，出现了自我，同时成立了新文学。新文学提高了文学的地位；文学也给人知识，也教给人怎样做人，不是做别人的，而是做自己的人。可是这时候写作新文学和阅读新文学的，只是那变了质的下降的士和那变了质的上升的农民和小市民混合成的知识阶级，别的人是不愿来或不能来参加的。而新文学跟过去的诗文和小说不同之处，就在它是认真地负着使命。早期的反封建也罢，后来的反帝国主义也罢，写实的也罢，浪漫的和感伤的也罢，文学作品总是一本正经地在表现着并且批评着生活。（那么文学是否又回到了“文以载道”的主流上来了呢？只不过“道”的内涵已经发生了变化。文学是否应该承担这些任务呢？）这么着文学扬弃了消遣的气氛，回到了严肃——古代贵族的文学如《诗经》，倒本来是严肃的。这负着严肃的使命的文学，自然不再注重“传奇”，不再注重趣味和快感，读起来也得正襟危坐，跟读经典差不多，不能再那么马马虎虎、随随便便的。但是究竟是形象化的、诉诸情感的，跟经典以冰冷的抽象的理智的教训为主不同，又是现代的白话，没有那些语言的和历史的问题，所以还能够吸引许多读者自动去读。不过教人“百读不厌”甚至教人想去重读一遍的作品，的确是很少了。

新诗或白话诗，和白话文，都脱离了那多多少少带着人工的、音乐的声调，而用着接近说话的声调。喜欢古诗、律诗和骈文、古文的失望了，他们尤其反对这不能吟诵的白话新诗；因为诗出于歌，一直不曾跟音乐完全分家，他们是不愿扬弃这个传统的。然而诗终于转到意义中心的阶段了。（诗完全摆脱了层层束缚，给予作者自由发挥的广阔空间，使作者不再拘泥于韵律对仗，转而集中于抒情言志。）古代的音乐是一种说话，所谓“乐语”，后来的音乐独立发展，变成“好听”为主了。现在的诗既负上自觉的使命，它得说出人人心中所欲言而不能言的，自然就不注重音乐而注重意义了——一方面，音乐大概也在渐渐注重意义，回到说话吧？字面儿的影像还是用得着，不过一般地看起来，影像本身，不论是鲜明的、朦胧的、可以独立地诉诸感觉的，是不够吸引人了；影像如果必须得用，就要配合全诗的各部分完成那中心的意义，说出那要说的话。在这动乱时代，人们着急要说话，因为要说的话实在太多。小说也不注重故事或情节了，它的使命比诗更见分明。它可以不靠描写，只靠对话，说出所要说的。这里面神仙、武侠、才子、佳人都不大出现了，偶然出现，也得打扮成平常人；是的，这时候的小说的人物，主要的是些平常人了，这是平民世纪啊。至于文，长篇议论文发展了工具性，让人们更如意地也更精密地说出他们的话，但是这已经成为诉诸理性的了。诉诸情感的是那发展在后的小品散文，就是那标榜“生活的艺术”，抒写“身边琐事”的。（梁实秋先生曾谈过小品文“除了作为武器的革命文学和麻痹青年的‘小摆设’文学，似乎还有第三种文学的存在吧”，我们可以阅读他的《雅舍小品》感受一下小品文平易通俗、风趣幽默的文字风格。）这倒是回到趣味中心，企图着教人“百读不厌”的，确乎也风行过一时。然而时代太紧张了，不容许人们那么悠闲；大家嫌小品文近乎所谓“软性”，丢下了它去找那“硬性”的东西。

文艺作品的读者变了质了，作品本身也变了质了，意义和使命压下了趣味，认识和行动压下了快感。这也许就是所谓“硬”的解释。“硬性”的作品得一本正经地读，自然就不容易让人“爱不释手”“百读不厌”。于是“百读不厌”就不成其为评价的标准了，至少不成其为主要的标准了。（作者论述了经典文本、通俗文本都有可能让人百读不厌。然而，一些具有特定历史任务的严肃文本则不容易吸引读者。百读不厌也不完全是构成评价文学文本价值的标准。）但是文艺是欣赏的对象，它究竟是形象化的，诉诸情感的，怎么“硬”也不能“硬”到和论文或公式一样。诗虽然不必再讲那带几分机械性的声调，却不能不讲节奏，说话不也有轻重高低快慢吗？节奏合式，才能集中，才能够高度集中。文也有文的节奏，配合着意义使意义集中。小说是不注重故事或情节了，但也总得有些契机来表现生活和批评它；这些契机得费心思去选择和配合，才能够将那要说的话、要传达的意义，完整地说出来，传达出来。集中了的完整了的意义，才见出情感，才让人乐意接受，“欣赏”就是“乐意接受”的意思。能够这样让人欣赏的作品是好的，是否“百读不厌”，可以不论。在这种情形之下，笔者同意：《李有才板话》即使没有人想重读一遍，也不减少它的价值、它的好。

但是在我们的现代文艺里，让人“百读不厌”的作品也有的。例如鲁迅先生的《阿Q正传》，茅盾先生的《幻灭》《动摇》《追求》三部曲，笔者都读过不止一回，想来读过不止一回的人该不少吧。（有些经典文本不能浮光掠影、一目十行地阅读，而需要咬文嚼字地阅读。）在笔者本人，大概是《阿Q正传》里的幽默和三部曲里的几个女性吸引住了我。这几个作品的好已经定论，它们的意义和使命大家也都熟悉，这里说的只是它们让笔者“百读不厌”的因素。《阿Q正传》主要的作用不在幽默，那三部曲的主要作用也不在铸造几个女性，但是这些却可能产生让人“百读不厌”的趣味。这种趣味虽然不是必要的，却也可以增加作品的力量。不过这里的幽默绝不是油滑的、无聊的，也绝不是为幽默而幽默，而女性也绝不就是色情，这个界限是得弄清楚的。抗战期中，文艺作品尤其是小说的读众大大地增加了。增加的多半是小市民的读者，他们要求消遣，要求趣味和快感。扩大了的读众，有着这样的要求也是很自然的。长篇小说的流行就是这个要求的反应，因为篇幅长，故事就长，情节就多，趣味也就丰富了。这可以促进长篇小说的发展，倒是很好的。可是有些作者却因为这样的要求，忘记了自己的边界，放纵到色情上，以及粗劣的笑料上，去吸引读众，这只是迎合低级趣味。而读者贪读这一类低级的软性的作品，也只是沉溺，说不上“百读不厌”。（趣味有各人口味的差异，当然也有高低之别。应当尽量博览群书培养自己的阅读趣味。）“百读不厌”究竟是个赞词或评语，虽然以趣味为主，总要是纯正的趣味才说得上的。

1947年10月10日作

中国学术界的大损失

——悼闻一多先生

一

闻一多先生在昆明惨遭暗杀，激起全国的悲愤。这是民主运动的大损失，又是中国学术的大损失。关于后一方面，作者知道的比较多，现在且说个大概，来追悼这一位多年敬佩的老朋友。

大家都知道闻先生是一位诗人。他的《红烛》，尤其他的《死水》，读过的人很多。这些集子的特色之一，是那些爱国诗。在抗战以前他也许是唯一的爱国新诗人。这里可以看出他对文学的态度。新文学运动以来，许多作者都认识了文学的政治性和社会性而有所表现，可是闻先生认识得特别亲切，表现得特别强调。他在过去的诗人中最敬爱杜甫，就因为杜诗政治性和社会性最浓厚。后来他更进一步，注意原始人的歌舞：这是集团的艺术，也是与生活打成一片的艺术。他要的是热情，是力量，是火一样的生命。（我们可以试着朗读一下闻一多先生的《死水》，感受一下和谐优美的韵律和其中表达的激昂澎湃的情感。）

但是他并不忽略语言的技巧，大家都记得他是提倡诗的新格律的人，也是创造诗的新格律的人。他创造自己的诗的语言，并且创造自己的散文的语言。诗大家都知道，不必细说；散文如《唐诗杂论》，可惜只有五篇，那经济的字句，那完密而短小的篇幅，简直是诗。我听他近来的演说，有两三回也是这么精悍，字字句句好似称量而出，（所谓“坠地金石自有声”，诗人对于语言的凝练达到了一种极高的境界。）却又那么自然流畅。他因此也特别能够体会古代语言的曲折处。当然，以上这些都得靠学力，但是更得靠才气，也就是想象。单就读古书而论，固然得先通文字声韵之学；可是还不够，要没有活泼的想象力，就只能做出点滴的饾饤的工作，绝不能融会贯通的。这里需要细心，更需要大胆。闻先生能够体会到古代语言的表现方式，他的校勘古书，有些地方胆大得吓人，但却是细心吟味所得；平心静气读下去，不由人不信。校书本有死校活校之分；他自然是活校，而因为知识和技术的一般进步，他的成就骎骎乎驾活校的高邮王氏父子而上之。

他研究中国古代，可是他要使局部化了石的古代复活在现代人的心目中。因为这古代与现代究竟属于一个社会、一个国家，而历史是连贯的。我们要客观地认识古代；可是，是“我们”在客观地认识古代，现代的我们要能够在心目中想象古代的生活，要能够在心目中分享古代的生活，才能认识那活的古代，也许才是那真的古代——这也才是客观地认识古代。闻先生研究伏羲的故事或神话，是将这神话跟人们的生活打成一片；神话不是空想，不是娱乐，而是人民的生命欲和生活力的表现。这是死活存亡的消息，是人与自然斗争的记录，非同小可。他研究《楚辞》的神话，也是一样的态度。他看屈原，也将他放在整个时代整个社会里看。他承认屈原是伟大的天才；但天才是活人，不是偶像，只有这么看，屈原的真面目也许才能再现在我们心中。他研究《周易》里的故事，也是先有一整个社会的影像在心里。研究《诗经》也如此，他看出那些情诗里不少歌咏性生活的句子；他常说笑话，说他研究《诗经》，越来越“形而下”了——其实这正表现着生命的力量。

他是有幽默感的人；他的认识古代，有时也靠着这种幽默感。看《匡斋尺牍》里《狼跋》一篇，便知道他能够体会到别人从不曾体会到的古人的幽默感。而所谓“匡斋”本于匡衡说“诗解人颐”那句话，正是幽默的意思。他的《死水》里《闻一多先生的书桌》，也是一首难得的幽默的诗。他有着强大的生命力，常跟我们说要活到八十岁，现在还不满四十八岁，竟惨死在那卑鄙恶毒的枪下！有个学生曾瞻仰他的遗体，见他“遍身血迹，双手抱头，全身痉挛”。唉！他是不甘心的，我们也是不甘心的！

二

闻先生的惨死尤其是中国文学方面一个不容易补偿的损失。

闻先生的专门研究是《周易》、《诗经》、《庄子》、《楚辞》、唐诗，许多人都知道。他的研究工作至少有了二十年，发表的文字虽然不算太多，但积存的稿子却很多。这些并非零散的稿子，大都是成篇的，而且他亲手抄写得很工整。只是他总觉得还不够完密，要再加些功夫才愿意编篇成书。这可见他对于学术忠实而谨慎的态度。（闻一多先生一直潜心治学，很少外出游玩，在西南联大时被友人打趣是“何妨一下楼主人”。）

他最初在唐诗上多用力量。那时已见出他是个考据家，并已见出他的考据的本领。他注重诗人的年代和诗的年代。关于唐诗的许多错误的解释与错误的批评，都由于错误的年代。他曾将唐代一部分诗人生卒年代可考者制成一幅图表，谁看了都会一目了然。他是学过图案画的，这帮助他在考据上发现了一种新技术；这技术是值得发展的。但如一般所知，他又是个诗人，并且是个在领导地位的新诗人，他亲自经过创作的甘苦，所以更能欣赏诗人与诗。他的《唐诗杂论》虽然只有五篇，但都是精彩逼人之作。这些不但将欣赏和考据融化得恰到好处，并且创造了一种诗样精粹的风格，读起来句句耐人寻味。

后来他在《诗经》《楚辞》上多用力量。我们知道要了解古代文学，必须从语言下手，就是从文字声韵下手。但必须能够活用文字声韵的种种条例，才能有所创获。闻先生最佩服王念孙父子，常将《读书杂志》《经义述闻》当作消闲的书读着。他在古书通读上有许多惊人而确切的发明。对于甲骨文和金文，也往往有独到之见。他研究《诗经》，注重那时代的风俗和信仰等等；这几年更利用弗洛伊德以及人类学的理论得到一些深入的解释。（运用西方理论研究中国古代文学文本，我们也可以尝试借鉴。）他对《楚辞》的兴趣似乎更大，而尤集中于其中的神话。他的研究神话，实在给我们学术界开辟了一条新的大路。关于伏羲的故事，他曾将许多神话综合起来，头头是道，创见最多，关系极大。曾听他谈过大概，可惜写出来的还只是一小部分。他研究《周易》，是爱其中的片段的故事，注重的是社会生活经济生活的表现。近三四年他又专力研究《庄子》，探求原始道教的面目，并发见庄子一派政治上不合作的态度。以上种种都跟传统的研究不同：眼光扩大了、深入了，技术也更进步了，更周密了。所以贡献特别多，特别大。近年他又注意整个的中国文学史，打算根据经济史观去研究一番，可惜还没有动手就殉了道。

这真是我们一个不容易补偿的损失啊！

1946 年 7 月 20 日作

文学的标准与尺度

我们说“标准”，有两个意思。一是不自觉的，一是自觉的。不自觉的是我们接受的传统的种种标准。我们应用这些标准衡量种种事物种种人，但是对这些标准本身并不怀疑，并不衡量，只照样接受下来，作为生活的方便。自觉的是我们修正了的传统的种种标准，以及采用的外来的种种标准。这种种自觉的标准，在开始出现的时候大概多少经过我们的衡量；而这种衡量是配合着生活的需要的。本文只称不自觉的种种标准为“标准”，改称种种自觉的标准为“尺度”，来显示这两者的分别。“标准”原也离不了尺度，但尺度似乎不像标准那样固定；近来常说“放宽尺度”，既然可以“放宽”，就不是固定的了。这种“标准”和“尺度”的分别，在一个变得快的时代最容易觉得出：在道德方面在学术方面如此，在文学方面也如此。

中国传统的文学以诗文为正宗，大多数出于士大夫之手。士大夫配合君主掌握着政权。做了官是大夫，没有做官是士；士是候补的大夫。君主士大夫合为一个封建集团，他们的利害是共同的。这个集团的传统的文学标准，大概可用“儒雅风流”一语来代表。载道或言志的文学以“儒雅”为标准，缘情与隐逸的文学以“风流”为标准。（有时会发现这两者在一个人身上并存，随着人生境遇的变化，诗人的写作侧重也会发生变化。）有的人“达则兼济天下，穷则独善其身”，表现这种情志的是载道或言志。这个得有“正其谊不谋其利，明其道不计其功”的抱负，得有“怨而不怒”“温柔敦厚”的涵养，得用“熔经铸史”“含英咀华”的语言。这就是“儒雅”的标准。有的人纵情于醇酒妇人，或寄情于田园山水，表现这种种情志的是缘情或隐逸之风。这个得有“妙赏”“深情”和“玄心”，（冯友兰先生论魏晋风流，便是“玄心、洞见、妙赏、深情”。）也得用“含英咀华”的语言。这就是“风流”的标准。（关于“风流”的解释，用冯友兰先生语，见《论风流》一文中。）

在现阶段看整个的传统的文学，我们可以说“儒雅风流”是标准。但是看历代文学的发展，中间还有许多变化。即如诗本是“言志”的，陆机却说“诗缘情而绮靡”。“言志”其实就是“载道”，与“缘情”大不相同。陆机实在是用了新的尺度。“诗言志”这一语在开始出现的时候，原也是一种尺度；后来得到公认而流传，就成为一种标准。说陆机用了新的尺度，是对“诗言志”那个旧尺度而言。这个新尺度后来也得到公认而流传，成为又一种标准。又如南朝文学的求新，后来文学的复古，其实都是在变化；在变化的时候也都是用着新的尺度。固然这种新尺度大致只伸缩于“儒雅”和“风流”两种标准之间，但是每回伸缩的长短不同、疏密不同，各有各的特色。文学史的扩展从这种种尺度里见出。

这种尺度表现在文论和选集里，也就是表现在文学批评里。中国的文学批评以各种形式出现。魏文帝的“论文”是在一般学术的批评的《典论》里，陆机《文赋》也许可以说是独立的文学批评的创始，他将文作为一个独立的课题来讨论。此后有了选集，这里面分别体类，叙述源流，指点得失，都是批评的工作。又有了《文心雕龙》和《诗品》两部批评专著。还有史书的文学传论、别集的序跋和别集中的书信。这些都是比较有系统的文学批评，各有各的尺度。这些尺度有的依据着“儒雅”那个标准，结果就是复古的文学，有的依据着“风流”那个标准，结果就是标新的文学。但是所谓复古，其实也还是求变化求新异；韩愈提倡古文，却主张务去陈言，戛戛独造，是最显著的例子。古文运动从独造新语上最见出成绩来。胡适之先生说文学革命都从文字或文体的解放开始，是有道理的，因为这里最容易见出改变了的尺度。现代语体文学是标新的，不是复古的，却也可以说是从文字或文体的解放开始；就从这语体上，分明地看出我们的新尺度。（白话文写作将过去的很多习以为常的尺度一扫而净，留下广阔的创作新天地。）

这种语体文学的尺度，如一般人所公认，大部分是受了外国的影响，就是依据着种种外国的标准。但是我们的文学史中原也有这样一股支流，和那正宗的或主流的文学由分而合地相配而行。明代的公安派和竟陵派自然是这支流的一段，但这支流的渊源很古久，截取这一段来说是不正确的。汉以前我们的言和文比较接近，即使不能说是一致。（公安、竟陵都反对拟古，重视表现自我，但是公安派更加注重灵动清新，竟陵派则以深幽孤峭为特点。）从孔子“有教无类”起，教育渐渐开放给平民，受教育的渐渐多起来。这种受了教育的人也称为“士”，可是跟从前贵族的士不同，这些只是些“读书人”。士的增多影响了语言和文体，话要说得明白，说得详细，当时的著述是说话的记录，自然也是这样。这里面该有平民语调的参入，虽然我们不能确切地指出。汉代辞赋发达，主要地作为宫廷文学；后来变为远于说话的骈俪的体制，士大夫就通用这种体制。可是另一方面，游历了通都大邑名山大川的司马迁，却还用那近乎说话的文体作《史记》，古里古怪的扬雄跟《问孔》《刺孟》的王充，也还用这种文体作《法言》和《论衡》；而乐府诗来自民间，不用问更近于说话。可见这种文体是废不掉的。就是骈俪文盛行的时代，也还有《世说新语》，记录那时代的说话。到了唐代的韩愈，提倡“气盛言宜”的古文，“气盛言宜”就是说话的调子，至少是近于说话的调子，还有语录和笔记，起于唐而盛于宋，还有来自民间的词，这些也都用着说话或近于说话的调子。东汉以来逐渐建立起来的门阀，到了唐代中叶垮了台，“寻常百姓”的士又增多起来，加上宋代印刷和教育的发达，所以那种详明如话的文体就大大地发达了。到了元明两代，又有了戏曲和小说，更是以说话体就是语体为主。公安派竟陵派接受了这股支派，努力想将它变成主流，但是这一个尝试失败了。直到现代，一个新的尝试才完成了语体文学，新文学，也就是现代文学。（在古代也有言文一致的趋向，但一直不是主流。直到五四白话文运动之后才逐渐成为主流。）

从以上一段语体文学发展的简史里可以看出种种伸缩的尺度。这些尺度大体上固然不出乎“儒雅”和“风流”那两个标准，可是像语录和笔记，有些恐怕只够“儒”而不够“雅”，有些恐怕既不够“儒”也不够“雅”，不够“雅”因为用俗语或近乎俗语，不够“儒”因为只是一些细事，无关德教，也与风流不相干。汉乐府跟《世说新语》也用俗语，虽然现在已将那些俗语看作了古典。戏曲和小说有的别忠奸，寓劝惩，叙风流，固然够得上标准，有的却不够儒雅，不算风流。在过去的文学传统里，这两种本没有地位，所谓“不在话下”。不过我们现在得给这些不够格的分别来个交代。我们说戏曲和小说可以见人情物理，这可以叫作“观风”的尺度，《礼记》里说诗可以“观民风”；可以观风，也就拐了弯儿达到了“儒雅”那个标准。戏曲和小说不但可以观民风，还可以观士风，而观风就是写实，就是反映社会、反映时代。这是社会的描写、时代的记录。在我们看来，用不着再绕到“儒雅”那个标准之下，就有足够存在的理由了。那些无关政教也不算风流的笔记，也可以这么看。这个“人情物理”或“观风”的尺度原是依据了“儒雅”那个标准定出来的，可是唐代中叶以后，这个尺度似乎已经暗地里独立运用，这已经不是上德化下的尺度而是下情上达的尺度了。人民参加着定了这个尺度，而俗语的参入文学，正与这个尺度配合着。

说是人民参加着订定文学的尺度，如上文所提到的，该起于春秋末年贵族渐渐没落平民渐渐兴起的时候。这些受了教育的平民加入了统治集团，多少还带着他们的情感和语言。这种新的士流日渐增加，自然就影响了文化的面目乃至精神。汉乐府的搜集与流行，就在这样氛围之中。韩诗解《伐木》一篇说到“饥者歌其食，劳者歌其事”。“饥者歌其食，劳者歌其事”正是“人情物理”，正是“观风”；这说明了三百篇诗的一些诗，也说明了乐府里的一些诗。“饥者歌其食，劳者歌其事”，自然周代的贵族也会如此的，可是这两句话带着浓重的平民的色彩；配合着语言的通俗，尤其可以见出。这就是前面说的“参加”，这参加倒是不自觉的。但那“人情物理”或“观风”的尺度的订定却是自觉的。汉以来的社会是士民对立，同时也是士民流通。（文学作品的创作和欣赏不独属于知识分子，而需要在不同阶层的群体之间形成流动，如此才能有活力。）《世说新语》里记录一些俗语，取其自然。在“风流”的标准下，一般地固然以“含英咀华”的语言为主，但是到了这时代稍加改变，取了“自然”这个尺度，也不足为怪的。

唐代中叶以后，士民间的流通更自由了，士人是更多了。于是乎“人情物理”的著作也更多。元代蒙古人压迫汉人，士大夫的地位降低下去。真正领导文坛的是一些吏人以及“书会先生”。他们依据了“人情物理”的尺度作了许多戏曲。明代士大夫的地位高了些，但是还在暴君压制之下。他们这时却恢复了文坛的领导权，他们可也在作戏曲，并且在提倡小说，作小说了。公安派竟陵派就是受了这种风气的影响而形成的。清代士大夫的地位又高了些，但是又在外族统治之下，还不能恢复元代以前的地位。他们也在作戏曲和小说，可是戏曲和小说始终还是小道，不能跟诗文并列为正宗。“人情物理”还是一种尺度，不能成为标准。但是平民对文学的影响确乎渐渐在扩大。原来士民的对立并不是严格的。尤其在文学上，平民所表现的生活还是以他们所“虽不能至，然心向往之”的士大夫生活为标准。他们受自己的生活折磨够了，只羡慕着士大夫的生活，可又只能耐着苦羡慕着，不知道怎样用行动去争取，至多是表现在他们的文学就是民间文学里；低级趣味是免不了的，但那时他们的理想是爬上高处去。这样，士大夫的文学接受他们的影响，也算是个顺势。虽然“人情物理”和“通俗”到清代还没有成为标准，可是“自然”这尺度从晋代以来已渐渐成为一种标准。这究竟显出了人民的力量。

大清帝国改了中华民国，新文化运动新文学运动配合着五四运动画出了一个新时代。大家拥戴的是“德先生”和“赛先生”，就是民主与科学。但是实际上做到的是打倒礼教也就是反封建的工作。反封建解放了个人，也发现了民众，于是乎有了个人主义和人道主义；前者是实践，后者还是理论。这里得指出在那个阶段上，我们是接受了种种外国标准，而向现代化进行着。这时的社会已经不是士民的对立，而是封建的军阀官僚和人民的对立。从清末开设学校，受教育的人大量增多。士或读书人渐渐变了质；到这时一部分成为军阀和官僚的帮闲，大部分却成了游离的知识阶级。知识阶级从军阀和官僚独立，却还不能跟民众联合起来，所以是游离着。这里面大部分是青年学生。这时候的文学是语体文学，开始似乎是应用着“人情物理”“通俗”那两个尺度以及“自然”那个标准。然而“人情物理”变了质成为“打倒礼教”就是“反封建”也就是“个人主义”这个标准，“通俗”和“自然”也让步给那“欧化”的新尺度；这“欧化”的尺度后来并且也成了标准。用欧化的语言表现个人主义，顺带着人道主义，是这时期知识阶级向着现代化的路。（欧化的语言中产生了新的语言标准和尺度，语言的现代化和思想的现代化是并肩同步的，我们很难用古汉语表述新思想，也很难用欧化的语言传达很多古诗的境界，因此需要多多阅读感受不同时代不同地域的语言特色和尺度。）

五卅运动接着国民革命，发展了反帝国主义运动；于是“反帝国主义”也成了文学的一种尺度。抗战起来了，“抗战”立即成了一切的标准，文学自然也在其中。胜利却带来了一个动乱时代，民主运动发展，“民主”成了广大应用的尺度，文学也在其中。这时候知识阶级渐渐走近了民众，“人道主义”那个尺度变质成为“社会主义”的尺度，“自然”又调剂着“欧化”，这样与“民主”配合起来。但是实际上做到的还只是暴露丑恶和斗争丑恶。这是向着新社会发脚的路。受教育的越来越多，这条路上的人也将越来越多，文学终于要配合上那新的“民主”的尺度向前迈进的。大概文学的标准和尺度的变换，都与生活配合着，采用外国的标准也如此。表面上好像只是求新，其实求新是为了生活的高度深度或广度。社会上存在着特权阶级的时候，他们只见到高度和深度；特权阶级垮台以后，才能见到广度。从前有所谓雅俗之分，现在也还有低级趣味，就是从高度深度来比较的。可是现在渐渐强调广度，去配合着高度深度，普及同时也提高，这才是新的“民主”的尺度。要使这新尺度成为文学的新标准，还有待于我们自觉的努力。（从被知识阶层垄断的深度到教育普及之后的广度，我们能看到评价尺度侧重的变化。我们也可以在阅读中建立起自己对语言的评价尺度和标准。）

1947 年

什么是文学?

什么是文学？大家愿意知道，大家愿意回答，答案很多，却都不能成为定论。也许根本就不会有定论，因为文学的定义得根据文学作品，而作品是随时代演变、随时代堆积的。因演变而质有不同，因堆积而量有不同，这种种不同都影响到什么是文学这一问题上。比方我们说文学是抒情的，但是像宋代说理的诗，十八世纪英国说理的诗，似乎也不得不算是文学。又如我们说文学是文学，跟别的文章不一样，然而就像在中国的传统里，经史子集都可以算是文学。经史子集堆积得那么多，文士们都钻在里面生活，我们不得不认这些为文学。当然，集部的文学性也许更大些。现在除经史子集外，我们又认为元明以来的小说戏剧是文学。这固然受了西方的文学意念的影响，但是作品的堆积也多少在逼迫着我们给它们地位。（我们现在习以为常的很多文学作品之所以被定义为文学也是因为五四之后西风东渐，因此要看到定义背后的历史性。）明白了这种种情形，就知道“什么是文学”这问题大概不会有什么定论，得看作品看时代说话。

新文学运动初期，运动的领导人胡适之先生曾答复别人的问，写了短短的一篇《什么是文学？》。这不是他用力的文章，说得也很简单，一向不曾引起多少注意。他说文字的作用不外达意表情，达意达得好，表情表得妙就是文学。他说文学有三种性：一是懂得性，就是要明白。二是逼人性，要动人。三是美，上面两种性联合起来就是美。这里并不特别强调文学的表情作用；却将达意和表情并列，将文学看作和一般文章一样，文学只是“好”的文章、“妙”的文章、“美”的文章罢了。而所谓“美”就是明白与动人，所谓三种性其实只是两种性。“明白”大概是条理清楚，不故意卖关子；“动人”大概就是胡先生在《谈新诗》里说的“具体的写法”。当时大家写作固然用了白话，可是都求其曲，求其含蓄。他们注重求暗示，觉得太明白了没有余味。至于“具体的写法”，大家倒是同意的。只是在《什么是文学？》这一篇里，“逼人”“动人”等语究竟太泛了，不像《谈新诗》里说的“具体的写法”那么“具体”，所以还是不能引人注意。

再说当时注重文学的型类，强调白话诗和小说的地位。白话新诗在传统里没有地位，小说在传统里也只占到很低的地位。这儿需要斗争，需要和只重古近体诗与骈散文的传统斗争。这是工商业发展之下新兴的知识分子跟农业的封建社会的士人的斗争，也可以说是民主的斗争。胡先生的不分型类的文学观，在当时看来不免历史癖太重，不免笼统，而不能鲜明自己的旗帜，因此注意他这一篇短文的也就少。文学型类的发展从新诗和小说到了散文——就是所谓美的散文，又叫作小品文的。虽然这种小品文以抒情为主，是外来的影响，但是跟传统的骈散文的一部分却有接近之处。而文学包括这种小说以外的散文在内，也就跟传统的文的意念包括骈散文的有了接近之处。小品文之后有杂文。杂文可以说是继承“随感录”的，但从它的短小的篇幅看，也可以说是小品文的演变。小品散文因应时代的需要从抒情转到批评和说明上，但一般还认为是文学，和长篇议论文说明文不一样。这种文学观就更跟那传统的文的意念接近了。而胡先生说的“什么是文学”也就值得我们注意了。

传统的文的意念也经过几番演变。南朝所谓“文笔”的文，以有韵的诗赋为主，加上些典故用得好、比喻用得妙的文章；昭明《文选》里就选的是这些。这种文多少带着诗的成分，到这时可以说是诗的时代。宋以来所谓“诗文”的文，却以散文就是所谓古文为主，而将骈文和辞赋附在其中。这可以说是到了散文时代。现代中国文学的发展，虽只短短的三十年，却似乎也是从诗的时代走到了散文时代。初期的文学意念近于南朝的文的意念，而与当时还在流行的传统的文的意念，就是古文的文的意念，大不相同。但是到了现在，小说和杂文似乎占了文坛的首位，这些都是散文，这正是散文时代。特别是杂文的发展，使我们的文学意念近于宋以来的古文家而远于南朝。胡先生的文学意念，我们现在大概可以同意了。

英国德来登早就有知的文学和力的文学的分别，似乎是日本人根据了他的说法而仿造了“纯文学”和“杂文学”的名目。好像胡先生在什么文章里不赞成这种不必要的分目。但这种分类虽然好像将表情和达意分而为二，却也有方便处。比方我们说现在杂文学是在和纯文学争着发展。这就可以见出这时代文学的又一面。杂文固然是杂文学，其他如报纸上的通讯，特写，现在也多数用语体而带有文学意味了，书信有些也如此。（用世和出世的文学趣味发生碰撞和相互渗透。）甚至宣言，有些也注重文学意味了。这种情形一方面见出一般人要求着文学意味，一方面又意味着文学在报章化。清末古文报章化而有了“新文体”，达成了开通民智的使命。现代文学的报章化，该是德先生和赛先生的吹鼓手吧。这里的文学意味就是“好”，就是“妙”，也就是“美”；却绝不是卖关子，而正是胡先生说的“明白”“动人”。报章化要的是来去分明，不躲躲闪闪的。杂文和小品文的不同处就在它的明快，不大绕弯儿，甚至简直不绕弯儿。具体倒不一定。叙事写景要具体，不错。说理呢，举例子固然要得，但是要言不烦，或简截了当也就是干脆，也能够动人。使人威固然是动人，使人信也未尝不是动人。不过这样解释着胡先生的用语，他也许未必同意吧？

1946 年

什么是文学的“生路”？

杨振声先生在本年十月十三日《大公报》的《星期文艺》第一期上发表了《我们打开一条生路》一篇文。中间有一段道：

> “过去种种譬如昨日死”，不是譬如，它真的死亡了；帝国主义的死亡，独裁政体的死亡，资本主义与殖民政策也都在死亡中，因而从那些主义与政策发展出来的文化必然地也有日暮途穷之悲。我们在这里就要一点自我讽刺力与超己的幽默性，去撞自己的丧钟，埋葬起过去的陈腐，重新抖擞起精神做这个时代的人。

这是一个大胆的、良心的宣言。

杨先生在这篇文里可没有说到怎样打开一条生路。十一月一日《星期文艺》上有废名先生《响应“打开一条生路”》一篇文，主张“本着（孔子的）伦常精义，为中国创造些新的文艺作品”，他说伦常就是道，也就是诗。杨先生在文后有一段按语，提到了笔者的疑问，主张“综合中外新旧，胎育我们新文化的蓓蕾以发为新文艺的花果”。但是他说“这些话还是很笼统”。

具体的打开的办法确是很难。第一得从“做这个时代的人”说起。这是一个动乱时代，是一个矛盾时代。但这是平民世纪。新文化得从矛盾里发展，而它的根基得打在平民身上。中国知识阶级的文人吊在官僚和平民之间，上不在天，下不在田，最是苦闷，矛盾也最多。真是做人难。但是这些人已经觉得苦闷，觉得矛盾，觉得做人难，甚至愿意“去撞自己的丧钟”，就不是醉生梦死。他们我们愿意做新人，为新时代服务。文艺是他们的岗位、他们的工具。他们要靠文艺为新时代服务。文艺有社会的使命，得是载道的东西。（知识分子在平民世纪不再是上不接天下不着地的群体，而需要融入到平民群体之中去创作，肩负社会变革的使命。）

做过美国副国务卿的诗人麦克里希在1939年曾写过一篇文叫作《诗与公众世界》，说：“我们是活在一个革命的时代；在这时代，公众的生活冲过了私有的生命的堤防……私有经验的世界已经变成了群众、街市、都会、军队、暴徒的世界。”他因而主张诗歌与政治改革发生关系。后来他做罗斯福总统的副国务卿，大概就为了施展他的政治改革的抱负。可惜总统死了，他也就下台了。他的主张，可以说是诗以载道。诗还要载道，不用说文更要载道了。时代是一个，天下是一家，所以大家心同理同。

这个道是社会的使命。要表现它，传达它，得有一番生活的经验，这就难。知识阶级的文人，虽然让“公众的生活冲过了私有的生命的堤防”，但是他们还惰性地守在那越来越窄的私有的生命的角落上。他们能够嘲讽地“去撞自己的丧钟”，可是没有足够的勇气“重新抖擞起精神做这个时代的人”。这就是他们我们的矛盾和苦闷所在。

古代的文人能够代诉民间疾苦，现代的文人也能够表现人道主义。但是这种办法多多少少有些居高临下。平民世纪所要求的不是这个，而是一般高的表现和传达；这就是说文人得作为平民而生活着，然后将那生活的经验表现、传达出来。（对于文人来说，不仅需要新的创作理念，还需要新的生活方式和生活观念。因此，这是一次脱胎换骨的蜕变。）麦克里希所谓“革命的时代”的“革命”，不知是不是这个意思，然而这确是一种革命。革命需要大勇气，自然难。

然而苦闷要求出路，矛盾会得发展。我们的文人渐渐地在工商业的大都市之外发现了农业的内地。在自己的小小的圈子之外发现了小公务员。他们的视野扩大了，认识也清楚多了，他们渐渐能够把握这个时代了。自然，新文学运动以来的作者早就在写农村，写官僚。然而态度不同，他们是站在知识阶级自己的立场尽了反封建反帝国主义的任务。现在这时代进一步要求他们自己站到平民的立场上来说话。他们写内地，写小公务员，就是在不自觉地多多少少接受着这个要求，所以说是“发现”。再说第一次世界大战以后，个人主义一度猛烈地抬头，一般作者都将注意集中在自己身上，甚至以“身边琐事”为满足。现在由自己转到小公务员，转到内地人，也该算是“发现”。

知识阶级的文人如果再能够自觉地努力发现下去，再多扩大些，再多认识些，再多表现、传达或暴露些，那么，他们会渐渐地终于无形地参加了政治社会的改革的。那时他们就确实站在平民的立场，“做这个时代的人”了。现在举例来说，文人大多数生活在都市里，他们还可以去发现知识青年，发现小店员，还可以发现摊贩：这些人都已经有集团地生活了，去发现也许并不太难。现在的报纸上就有这种特写，那正是一个很好的起头。

说起报纸，我觉得现在的文艺跟报章体并不一定有高低的分别，而是在彼此交融着，看了许多特写可以知道。现在的文艺因为读者群的增大，不能再是“文章千古事，得失寸心知”了，它得诉诸广大的读众。加上话剧和报纸特写的发达和暗示，它不自觉地渐渐地走向明白痛快的写实一路。（写作面向的阅读群体发生变化，写作观念自然也会随之而变。）文艺用的语言虽然总免不掉夹杂文言，夹杂欧化，但是主要的努力是向着活的语言。文艺一面取材于活的语言，一面也要使文艺的语言变成活的语言。在这种情形之下，杂文、小说和话剧自然就顺序地一个赛一个地加速地发展。这三员大将依次地正是我们开路的先锋。杨先生那篇文就是杂文，他用的就是第一员先锋。

1946 年

鲁迅先生的中国语文观

这里是就鲁迅先生的文章中论到中国语言文字的话，综合地加以说明，不参加自己意见。有些就抄他的原文，但是恕不一一加引号，也不注明出处。

鲁迅先生以为中国的言文一向就并不一致，文章只是口语的提要。我们的古代的记录大概向来就将不关重要的词摘去，不用说是口语的提要。就是宋人的语录和话本，以及元人杂剧和传奇里的道白，也还是口语的提要。只是他们用的字比较平常，删去的词比较少，所以使人觉得“明白如话”。至于一般所谓古文，又是古代口语的提要而不是当时口语的提要，更隔一层了。

他说中国的文或话实在太不精密。向来作文的秘诀是避去俗字，删掉虚字，以为这样就是好文章。其实不精密。讲话也常常会词不达意，这是话不够用；所以教员讲书必须借助于粉笔。文与话的不精密，证明思路不精密，换一句话，就是脑筋有些糊涂。倘若永远用着这种糊涂的语言，即使写下来读起来滔滔而下，但归根结底所得的还是一些糊涂的影子。要医这糊涂的病，他以为只好陆续吃一点苦，在语言里装进异样的句法去，装进古的、外省外府的、外国的句法去。习惯了，这些句法就可变为己有。

他赞成语言的欧化而反对刘半农先生“归真反璞”的主张。他说欧化文法侵入中国白话的大原因不是好奇，乃是必要。要话说得精密，固有的白话不够用，就只得采取些外国的句法。（比如汉语中常使用简短的流水句，而英语则可以用从句的形式将很长一段话逻辑严密地嵌套成整体，这种语法差异会影响行文思路和日常思维方式。）这些句法比较的难懂，不像茶泡饭似的可以一口吞下去，但补偿这缺点的是精密。反对欧化的人说中国人“话总是会说的”，一点不错，但要前进，全照老样子是不够的。即如“欧化”这两个字本身就是欧化的词儿，可是不用它，成吗？

“归真反璞”是要回到现在的口语，还有语录派，更主张回到中古的口语，鲁迅先生不用说是反对的。他提到林语堂先生赞美的语录的便条，说这种东西在中国其实并未断绝过种子，像上海弄堂口摊子上的文人代男女工人们写信，用的就是这种文体，似乎不劳重新提倡。他还反对“章回小说体的笔法”，都因为不够用，不精密。

他赞成语言的大众化，包括书法的拉丁化。他主张将文字交给一切人。他将中国话大略分为北方话、江浙话、两湖川贵话、福建话、广东话，主张地方语文的大众化，然后全国语文的大众化。这全国到处通行的大众语，将来如果真有的话，主力恐怕还是北方话。不过不是北方的土话，而是好像普通话模样的东西。

大众语里也有绍兴人所谓“炼话”。这“炼”字好像是熟练的意思，而不是简练的意思。鲁迅先生提到有人以为“大雪纷飞”比“大雪一片一片纷纷地下着”来得简要而神韵。他说在江浙一带口语里，大概用“凶”“猛”或“厉害”来形容这下雪的样子。《水浒传》里的“那雪正下得紧”，倒是接近现代大众语的说法，比“大雪纷飞”多两个字，但那“神韵”却好得远了。这里说的“神韵”大概就是“自然”“到家”，也就是“熟练”或“炼”的意思。

对文言的“大雪纷飞”，他取“那雪正下得紧”的自然。但一味注重自然是不行的。他主张语言里得常常加进些新成分，翻译的作品最宜担任这种工作。

即使为略能识字的读众而译的书，也应该时常加些新的字眼、新的语法在里面。但自然不宜太多；以偶尔遇见而自己想想或问问别人就能懂得的为度。这样逐渐地拣必要的一些新成分灌输进去，群众是会接受的，也许还胜过成见更多的读书人。必须这样，大众语才能够丰富起来。

鲁迅先生主张的是在现阶段一种特别的语言，或四不像的白话，虽然将来会成为“好像普通话模样的东西”。这种特别的语言不该采取太特别的土话，他举北平话的“别闹”“别说”做例子，说太土。可是要上口，要顺口。他说作完一篇小说总要默读两遍，有拗口的地方，就或加或改，到读得顺口为止。但是翻译却宁可忠实而不顺；这种不顺他相信只是暂时的，习惯了就会觉得顺了。若是真不顺，那会被自然淘汰掉的。他可是反对凭空生造；写作时如遇到没有相宜的白话可用的地方，他宁可用古语就是文言，决不生造，决不生造“除自己之外谁也不懂的形容词”。（不能因为字词的难解而让文本变得除了写作者本人谁也不懂。在使用字词时要先理解它通行的意思。）

他也反对“作文章”的“作”，“作”了会生涩，格格不吐。可是太“作”不行，不“作”却又不行。他引高尔基的话“大众语是毛坯，加了工的是文学”，说这该是很中肯的指示。他所需要的特别的语言，总起来又可以这样说：“采说书而去其油滑，听闲谈而去其散漫，博取民众的口语而存其比较的大家能懂的字句，成为四不像的白话。这白话得是活的，因为有些是从活的民众口头取来，有些要从此注入活的民众里面去。”

1946 年

古文学的欣赏

新文学运动开始的时候，胡适之先生宣布“古文”是“死文学”，给它撞丧钟，发讣闻。所谓“古文”，包括正宗的古文学。他是教人不必再作古文，却显然没有教人不必阅读和欣赏古文学。可是那时提倡新文化运动的人如吴稚晖、钱玄同两位先生，却教人将线装书丢在茅厕里。后来有过一回“骸骨的迷恋”的讨论也是反对作旧诗，不是反对读旧诗。但是两回反对读经运动却是反对“读”的。反对读经，其实是反对礼教，反对封建思想；因为主张读经的人是主张传道给青年人，而他们心目中的道大概不离乎礼教，不离乎封建思想。（因此我们在看待历史人物的观点时需要放到历史语境中去，不能断章取义、偷换概念。五四时很多学者反对读古书是因为要扫除封建礼教思想的余毒，我们现在对于古文古诗同样需要批判地阅读，但也不必完全因噎废食。）强迫中小学生读经没有成为事实，却改了选读古书，为的了解“固有文化”。为了解固有文化而选读古书，似乎是国民分内的事，所以大家没有说话。可是后来有了“本位文化”（本位文化论是否很容易变成带有激进民族主义色彩的排外思想？）论，引起许多人的反感；本位文化论跟早年的保存国粹论同而不同，这不是残余的而是新兴的反动势力。这激起许多人，特别是青年人，反对读古书。

可是另一方面，在本位文化论之前有过一段关于“文学遗产”的讨论。讨论的主旨是如何接受文学遗产，倒不是扬弃它；自然，讨论到“如何”接受，也不免有所分别扬弃的。讨论似乎没有多少具体的结果，但是“批判地接受”这个广泛的原则，大家好像都承认。接着还有一回范围较小、性质相近的讨论。那是关于《庄子》和《文选》的。说《庄子》和《文选》的词汇可以帮助语体文的写作，的确有些不切实际。接受文学遗产若从“作”的一面看，似乎只有写作的态度可以直接供我们参考，至于篇章字句，文言语体各有标准，我们尽可以比较研究，却不能直接学习。因此许多大中学生厌弃教本里的文言，认为无益于写作；他们反对读古书，这也是主要的原因之一。但是流行的作文法、修辞学、文学概论这些书，举例说明，往往古今中外兼容并包；青年人对这些书里的“古文今解”倒是津津有味地读着，并不厌弃似的。从这里可以看出青年人虽然不愿信古，不愿学古，可是给予适当的帮助，他们却愿意也能够欣赏古文学，这也就是接受文学遗产了。（从当下的需要出发阅读古书才能激起青年人的兴趣。）

说到古今中外，我们自然想到翻译的外国文学。从新文学运动以来，语体翻译的外国作品数目不少，其中近代作品占多数；这几年更集中于现代作品，尤其是苏联的。但是希腊、罗马的古典，也有人译，有人读，直到最近都如此。莎士比亚至少也有两种译本。可见一般读者（自然是青年人多），对外国的古典也在爱好着。可见只要能够让他们接近，他们似乎是愿意接受文学遗产的，不论中外。而事实上外国的古典倒容易接近些。有些青年人以为古书古文学里的生活跟现代隔得太远，远得渺渺茫茫的，所以他们不能也不愿接受那些。但是外国古典该隔得更远了，怎么事实上倒反容易接受些呢？我想从头来说起，古人所谓“人情不相远”是有道理的。尽管社会组织不一样，尽管意识形态不一样，人情总还有不相远的地方。喜怒哀乐爱恶欲总还是喜怒哀乐爱恶欲，虽然对象不尽同，表现也不尽同。对象和表现的不同，由于风俗习惯的不同；风俗习惯的不同，由于地理环境和社会组织的不同。使我们跟古代跟外国隔得远的，就是这种种风俗习惯；而使我们跟古文学跟外国文学隔得远的尤其是可以算作风俗习惯的一环的语言文字。语体翻译的外国文学打通了这一关，所以倒比古文学容易接受些。

人情或人性不相远，而历史是连续的，这才说得上接受古文学。但是这是现代，我们有我们的立场。得弄清楚自己的立场，再弄清楚古文学的立场，所谓“知己知彼”，然后才能分别出哪些是该扬弃的，哪些是该保留的。弄清楚立场就是清算，也就是批判；“批判地接受”就是一面接受着，一面批判着。自己有立场，却并不妨碍了解或认识古文学，因为一面可以设身处地为古人着想，一面还是可以回到自己立场上批判的。这“设身处地”是欣赏的重要的关键，也就是所谓“感情移入”。个人生活在群体中，多少能够体会别人，多少能够为别人着想。关心朋友，关心大众，恕道和同情，都由于设身处地为别人着想；甚至“替古人担忧”也由于此。演戏，看戏，一是设身处地地演出，一是设身处地地看入。做人不要做坏人，做戏有时候却得做坏人。看戏恨坏人，有的人竟会丢石子甚至动手去打那戏台上的坏人。打起来确是过了分，然而不能不算是欣赏那坏人做得好，好得教这种看戏的忘了“我”。这种忘了“我”的人显然没有在批判着。有批判力的就不至如此，他们欣赏着，一面常常回到自己，自己的立场。欣赏跟行动分得开，欣赏有时可以影响行动，有时可以不影响，自己有分寸，做得主，就不至于糊涂了。读了武侠小说就结伴上峨眉山，的确是糊涂。所以培养欣赏力同时得培养批判力；不然，“有毒的”东西就太多了。（不仅阅读古书如此，在阅读通俗娱乐小说时也是如此，如果过于投入就难以抽身其外对其进行全面的观察和批判。）然而青年人不愿意接受有些古书和古文学，倒不一定是怕那“毒”，他们的第一难关还是语言文字。

打通了语言文字这一关，欣赏古文学的就不会少，虽然不会赶上欣赏现代文学的多。语体翻译的外国古典可以为证。语体的旧小说如《水浒传》《西游记》《红楼梦》《儒林外史》，现在的读者大概比二三十年前要减少了，但是还拥有相当广大的读众。这些人欣赏打虎的武松、焚稿的林黛玉，却一般地未必崇拜武松，尤其未必崇拜林黛玉。他们欣赏武松的勇气和林黛玉的痴情，却嫌武松无知识、林黛玉不健康。欣赏跟崇拜也是分得开的。欣赏是情感的操练，可以增加情感的广度、深度，也可以增加高度。欣赏的对象或古或今，或中或外，影响行动或浅或深，但是那影响总是间接的，直接的影响是在情感上。有些行动固然可以直接影响情感，但是欣赏的机会似乎更容易得到些。要培养情感，欣赏的机会越多越好；就文学而论，古今中外越多能欣赏越好。这其间古文和外国文学都有一道难关，语言文字。外国文学可用语体翻译，古文学的难关该也不难打通的。

我们得承认古文确是“死文字”、死语言，跟现在的语体或白话不是一种语言。这样看，打通这一关也可以用语体翻译。这办法早就有人用过，现代也还有人用着。记得清末有一部《古文析义》，每篇古文后边有一篇白话的解释，其实就是逐句地翻译。那些翻译够清楚的，虽然啰唆些。但是那只是一部不登大雅之堂的启蒙书，不曾引起人们注意。五四运动以后，整理国故引起了古书今译。顾颉刚先生的《盘庚篇今译》（见《古史辨》），最先引起我们的注意。他是要打破古书奥妙的气氛，所以将《尚书》里诘屈聱牙的这《盘庚》三篇用语体译出来，让大家看出那“鬼治主义”的把戏。他的翻译很谨严，也够确切；最难得的，又是三篇简洁明畅的白话散文，独立起来看，也有意思。近来郭沫若先生在《由周代农事诗论到周代社会》一文（见《青铜时代》）里翻译了《诗经》的十篇诗，《风》《雅》《颂》都有。他是用来论周代社会的，译文可也都是明畅的素朴的白话散文诗。此外还有将《诗经》《楚辞》和《论语》作为文学来今译的，都是有意义的尝试。这种翻译的难处在乎译者的修养：他要能够了解古文学，批判古文学，还要能够照他所了解与批判的译成艺术性的或有风格的白话。

翻译之外，还有讲解，当然也是用白话。讲解是分析原文的意义并加以批判，跟翻译不同的是以原文为主。笔者在《国文月刊》里写的《古诗十九首集释》，叶绍钧先生和笔者合作的《精读指导举隅》（其中也有语体文的讲解），浦江清先生在《国文月刊》里写的《词的讲解》，都是这种尝试。有些读者嫌讲得太琐碎，有些却愿意细心读下去。还有就是白话注释，更是以读原文为主。这虽然有人试过，如《论语》白话注之类，可只是敷衍旧注，毫无新义，那注文又啰里啰唆的。现在得从头做起，最难的是注文用的白话，现行的语体文里没有这一体，得创作，要简明朴实。选出该注释的词句也不易，有新义更不易。此外还有一条路，可以叫作拟作。谢灵运有《拟魏太子邺中集》，综合地拟写建安诗人，用他们的口气作诗。江淹有《杂拟诗》三十首，也是综合而扼要地分别拟写历代无名的五言诗人，也用他们自己的口气。这是用诗来拟诗。英国麦克士·比罗姆著《圣诞花环》，却以圣诞节为题用散文来综合地扼要地拟写当代各个作家。他写照了各个作家，也写照了自己。我们不妨如法炮制，用白话来尝试。以上四条路都通到古文学的欣赏；我们要接受古代作家文学遗产，就可以从这些路子走近去。

怎样学习国文①
——在昆明中法中学讲演

国文这科，在学校里是一种重要的功课，与英、算居同等的地位。可是现在呢？国文只是名义上的重要了，其主要的原因，就是一般学生存着错误的观念，以为我们是中国人，学中国文，当然是容易的，于是多半对这门功课不很用功。无论白话文也罢，文言文也罢，在学习的时候，往往词不达意的地方很多，这就是没有对国文这科下过一番功夫的缘故。

最近的舆论，以为中学生的国文程度很低落，这种低落，指的是哪方面？所谓低落，若是在文言文这方面，确实是比较低落，尤其是近十余年来，中学生学作文言，许多地方真是不通。读文言的能力也不够。但从作白话文这方面来说，一般的标准是大大地进步了，对于写景、抒情的能力，尤其非常的可观。可是除此而外，以白话写议论文及应用文的能力，却非常的落后。

中学生对于"读"的功夫是太差了，现在把"读"的意义，简单地说一说。"读"这方面，它是包含着了解的程度及欣赏的程度。就像看一张图画，你觉得它确实太好了，但问你好到什么境地，那么得由你自己去体会，从体会的能力，就见出欣赏的深浅。

古人作一篇文章，他是有了浓厚的感情，发自他的胸腑，才用文字表现出

---

① 1944年《国文杂志》第三卷第三期，署"朱自清讲演，段联瑷笔记"。

来的。在文字里隐藏着他的灵魂，使旁人读了能够与作者共感共鸣。我们现在读文言，是因为时间远隔，古今语法不同，词汇差别很大，你能否从文字中体会古人的感情呢？（我们和古人的历史语境也不同了，因此阅读古文时往往还需要了解古文写作的背景知识。归根结底，如果在阅读文章之后能感到作者如在目前栩栩如生，那么就达到了很好的效果。）这需要训练，需要用心，慢慢地去揣摩古人的心怀，然后才发现其中的奥蕴，这就是一般人觉得文言文了解的程度，比白话文实在是难的地方。

再进一步，可以说，白话与文言固然不同，白话与口语，又何尝一致呢？在五四运动的时候，有人提出口号“文语一致”。这只是理想而已。“文”是许多字句组织起来的，“语”则不然，说话的时候，有声调、快慢、动作等因素来帮助它，可以随便地说，只要使对方的人能够了解。总之，“语”确实是比“文”容易。

文言文，大学生与中学生都不大喜欢读的，大半因为文言文中的词汇不容易了解，譬如文言文中的“吾谁欺”在白话文中是“我欺负哪一个”的意思。如果你不了解古代文法，也许会想到别的意义上去，然而只要多读它几遍，多体会一下，了解的程度就不同；所以“读”的功夫，我是以为非常重要的。

我们之所以对于典籍冷淡，另一方面，是因为它里面的事实，与我们现在不同。电影、汽车、飞机等类，在古代书籍中就见不到。反之，古代许多事物在我们现在也无从看到，譬如官制、礼节、服装等等，必须考据才能知道，这都阻碍我们阅读的兴趣。然而，只要用心，是没有什么困难不可以克服的。

生在民国的人们，学作文章，便不需要像作古文那样费很大的力量，只要你多读近代的作品，欣赏过近代的文学作品，博览过近代的翻译书籍、文学名著，那么，你写的文章，也可以很通顺，这是不用举例证明的。文言文中的应用文，再过二十年，必定也要达到被废弃的境地，因为白话文的势力，渐渐地侵入往来的公文中、交际的信函中了。

由于文言文在日常应用上渐渐地失去效用，我们对于过去用文言文写的典籍，便漠不关心，这是错误的思想。因为我们过去的典籍，我们阅读它，研究它，可以得到古代的学术思想，了解古代的生活状况，这便是中国人对于中国历史认识的任务，你多读文言，多研究历史、典籍、古文，这阅读工作的本身就是值得尊重的！

读文言最难的一步工作，是需要查字典、找考证、死记忆。有一种人图省事，对这步工作疏忽，囫囵吞枣地读下去，还自号“不求甚解”，这种态度，太错误了。假若我们模仿陶渊明的“好读书，不求甚解”的态度，那是有害无益的。他的不求甚解，是因为学问已经很渊博了，隐居时才自称“不求甚解”的，这句话含着他的人生观，青年人是万万不能从表面去仿效的。（阅读文章有时需要囫囵吞枣地泛读，有时需要咬文嚼字地精读。面对相对陌生的古文时，如果采用泛读方式就容易曲解意思，因此在初期学习时应当一字一句地疏通精读，积累知识，培养语感。）如果你以为他的不求甚解，就是马虎过去的意思，那么你非但没有了解“不求甚解”这句话的意义，对于你所读的书，就更无从了解。

碰见文言中不懂的词汇，除了请教国文老师而外，必须自己去查字典，以求“甚解”。如文言中的“驰骋文场”这成语，有一个人译到外国去是“人在书堆里跑马”的意思，这岂不是笑话吗？又如“巨擘”，原意是指拇指叫作巨擘，而它普通的意义是用来表扬“第一等”或“呱呱叫”等意义的赞语，这些地方就得留神，才不会出错。再举一例：

白日依山尽，黄河入海流。

欲穷千里目，更上一层楼。

它在词句上直接表示的意境已非常优美，但这首诗更说出另一种道理，它暗示人生，必须往高处走。所以我们读这首诗的时候，最要紧的是要懂得“言外之意”。又如下例：

铜炉在向往深山的矿苗，瓷壶在向往江边的陶泥……

这两句新诗，它的含义似乎更深了，有些人不解，但如果读了全文，便知道是非常容易明白的话。由此可见，诗里含着高尚的感情，要你多欣赏，多诵读，必能了解得更深刻。

此外关于了解文章的组织，也是必需的，需得把每篇文章做大纲，研究它怎样发展出来，中心在哪里，还要注意它表面的次序，这种功夫，需得从现在就养成习惯，训练这种精神。

最后，我要告诉大家的，是关于写作方面，那你必须了解“创作”与“写作”的性质是不同的。自五四运动以后，许多人都希望成为一个作家，可是在今天，我们所能看见成功了的，出名的，却是寥寥无几。推究失败的原因，是到处滥用文学的感情和用语，时时借文字发泄感情，文学的成分太多了，不能恰到好处，反而失去文学真正的意义。

来纠正我们这些坏习惯，必须从报章文体学习。而我们更要学写议论文，从小的范围着手，拣与实际生活有密切关系的问题练习写，像关于学校中的伙食问题，你抓住要点，清清楚楚地写出来，即是有条理的文章。新闻事业在今世突飞猛进，发展的速度可以超乎其他文体之上，因为它是简洁而扼要的。（现在的微信公众号等其他网络平台就是非常典型的例子，在大众传媒的时代，每个人都可以随时随地记录身边发生的事情，而能写出精彩稿件的人也不限于作家或学者。只要能脚踏实地地坚持观察生活，训练写作技能，每个人都有潜力发掘出自己独特的写作才华，成为优秀的“记者”。）这种文体，我希望大家能努力去学。与其想成为一个文学家，不如学做一个切切实实的新闻记者。